市民と野党の共闘で政権交代を

五十嵐仁、小林節、高田健、竹信三恵子
前川喜平、孫崎享、西郷南海子 / 著

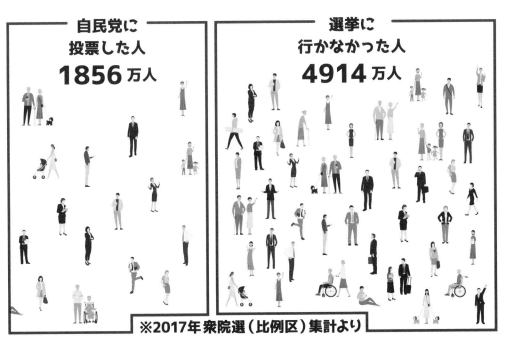

自民党に
投票した人
1856 万人

選挙に
行かなかった人
4914 万人

※2017年衆院選（比例区）集計より

はしがき

　第二次安倍政権の下、2015年9月19日に安保法制（平和安全法制整備法及び国際平和支援法）が強行採決されて以降、「安保法制廃止、立憲主義回復」を求める「市民と野党の共闘で政権交代を」という声は、菅政権の下でも顕著な「政治の私物化」（森友・加計学園、桜を見る会、学術会議委員任命拒否、総務省違法接待、参院選買収事件等々）への怒りが高まるなか、コロナ禍でも人々の命と生活を軽視しオリンピック開催を強行する自民・公明連立政権を退陣させる現実的な力となってきています。

　菅内閣の支持率は東京オリンピック開催後も3割台に落ち込み、自民党支持率も下がり続けています。2021年4月25日の3つの国政補選・再選挙に立憲野党が勝利し、7月4日の都議選では立憲民主党と共産党が選挙協力の効果もあって議席増の結果となり、来る総選挙で与党過半数割れに追い込むまで、あと一歩のところにきています。

　他方、都議選戦で効果をあげた「市民と野党の共闘」は、様々な困難に直面し順調には進んでいないのは事実です。しかしながら、小選挙区で一つのまとまりをつくった選挙体制で与党とその補完勢力に競り勝つためには、この6年間にわたる「市民と野党の共闘」で政権交代を求める声がさらに大きくなっていかなければならないし、大きくなっていくことでしょう。

　本書では、近日ある2021年総選挙とその後の2022年参議院選挙の争点を示すとともに、自公政権に代わる新しい政権を展望しています。市民運動の現場や様々な分野の識者の方々に、それぞれの知見から9年にわたる安倍・菅政権に代わり、市民の手に政治を取り戻すための課題について、緊急に寄稿いただきました。

　本書が思想・信条・所属の違いを前提に、無責任に日本社会を崩壊させようとする政治勢力を退場させるための連帯と共同の一助となれば幸いです。

あけび書房代表　岡林 信一

もくじ

第1部　**市民と野党の共闘による政権展望**

第1章

市民と野党の共闘こそが勝利の方程式

法政大学名誉教授　五十嵐 仁

都議選の「教訓」は何だったのか

　7月4日の東京都議会議員選挙の最大の「教訓」は、一言で言えば「野党が共闘すれば勝てる」というモデルケースになったことにあります。市民と野党の共闘こそが「勝利の方程式」だということが実際の選挙で証明されました。総選挙での政権交代を願っている人々は、「こうすれば良いんだ」と思ったにちがいありません。

　政治を変えなければならない、変えたいという人たちにとって、非常に勇気が出る確信の持てる結果になりました。次の総選挙に結び付く大きな展望が開けるような経験です。今の国政や都政のあり方に対してナントカしなければ、変えなければという人々や政党が互いに手を結び候補者を調整して取り組んだ成果です。

　他方で、今後検証すべきことの一つが、国民民主党（以下、国民）が当選者ゼロだったことでした。野党共闘、とりわけ日本共産党（以下、共産）との連携に背を向けた国民がこのような結果になったことも教訓的です。その理由を直視する必要があります。

　労働組合ナショナルセンターの日本労働組合総連合会（以下、連合）が全面的に支援した国民は0勝4敗で、共産と連携して支援してもらった立憲民主党（以下、立憲）は7勝2敗でした。つまり、連合の支援は効果がなかったということです。連合よりも共産と共闘したほうが力になるということが実証されたわけで、選挙後に立憲の安住淳国会対策委員長が「リアルパワー」だと言ったとおりです。

　立憲の枝野幸男代表は「共産との連立政権は考えていない」などと発言

していますが、政権を共にする意思を明確にしたうえで、選挙での共闘を
めざすべきです。連合の神津里季生会長に対しても、このような野党共闘
の輪に加わってほしいと説得する必要があります。少なくとも、「選挙の
ことは政党に任せて欲しい、労働組合は口を出して共闘の足を引っ張るな」
くらいのことを言うべきでしょう。

　労働組合としての連合も賃金・労働条件の改善を目指す以上、経営側に
立つ自民党政権と労働側の共産が関与する政権のどちらが労働運動にとっ
てプラスなのか、よくよく考えるべきです。そのような判断すらできない
というのであれば、労働運動指導者としての資格はありません。共闘に横
槍を入れて足を引っ張ることは、自民党を助け喜ばせるだけだということ
は明らかなのですから。

自民党支持基盤の瓦解と流動化

　今回の都議選で自民・公明・都民ファーストを合わせた得票割合は前回
と比べて6.81ポイント減っています。一方、立憲・共産・生活者ネット
は合わせて5.49ポイント増えています。立憲・共産の両党の獲得議席を
合計すれば34議席で第一党になります。「勝者なき都議選」と言われてい
ますが、共産・立憲などの「野党連合軍」こそ勝者だったと言って良いの
ではないでしょうか。

　政権への不満票が都民ファーストに流れたと言われています。自民党が
選挙前の予想ほどは回復せず、今回は苦戦すると見られていた都民ファー
ストが、予想されていたほど議席を減らしませんでした。自民は過去2番
目の少なさで、自公を合わせても過半数を回復できませんでした。敗北し
たのが自民党だったことは明らかです。

　そうなった背景の1つは、自民党支持者の約43%が他の政党に投票し
たことです。なかでも一番多く流れたのが都民ファーストでしたが、立憲
や共産にも流れています。自民に愛想をつかした都民の多くは都民ファー
ストを、きついお灸を据えたいと考えた人々は共産や立憲を支持したとい

うことです。

　このことは、自民党支持基盤の瓦解が起きているということを示しています。すでに、千葉や山形、静岡県などの一連の首長選挙や4月の3選挙（北海道2区での衆院補選、長野での参院補選、広島での参院再選挙）で野党は勝利し、広島では自民党支持者の約3割が野党に投票しました。今回の都議選で自民党に投票しなかった人が国政選挙で自民に戻るとは考えにくい。都民ファーストが踏みとどまれたのは、自民批判票の受け皿として利用されたからです。

　もう1つは、支持政党なし層の多くが自民ではなく、野党に投票したことにあります。従来から、この層の人々は野党を支持する傾向がありました。今回はさらにこの傾向が強まったようです。この人たちも、総選挙になれば野党に入れる可能性が高い。野党統一候補なら、なおさらです。

　国政には都民ファーストがないから、そちらに流れた票は総選挙になれば戻ってくると自民党の関係者は思っているかもしれませんが、その可能性は少ない。都議選での自民党の敗北の意味は深く、かつてなく大きいと言えます。

総選挙はどうなるのか

　自公政権の新型コロナウイルス対策とオリンピック・パラリンピック（以下、オリ・パラ）の開催強行に対する批判も極めて大きい。このことは、自民が敗北し、都民ファーストが留まり、立憲・共産が善戦したことにはっきりと示されています。オリ・パラやコロナの感染状況がどうなるかにもよりますが、基本的に総選挙でもこの傾向は続くと思います。

　今後の展開を予測するうえでは、2009年に起きた政権交代の例が参考になります。この年も9月に衆院議員の任期切れが迫り、7月に都議選が実施されました。前年のリーマン・ショックや政治スキャンダルもあって麻生政権に対する不満と批判が高まり、8月の解散・総選挙で自民党は歴史的な敗北を喫して鳩山政権に交代しました。

　2009年8月30日の総選挙は、小選挙区300、比例区180の計480議席

で争われました。自民党は公示前の300議席から119議席へと惨敗して初めて第1党の座を失い、公明党も31から21議席へと10減になりました。自公両党は合計140議席にとどまり、過半数の241議席を大きく下回っています。

他方の野党は、民主党が115議席から2倍以上の308議席の第1党となり、地滑り的な勝利を収めました。共産党は9議席、社民党は7議席と公示前勢力を維持し、みんなの党は4議席から5議席に、国民新党は4議席から3議席、新党日本が1議席、新党大地も1議席となっています。

これに先立つ都議選での当選者は自民38議席で、戦後最低の議席数でした。今回の当選者数は前回の24議席からは回復しましたが、この2009年の時より3議席少ない35議席で、戦後2番目の敗北です。

2009年の政権交代と似通った状況になっていますが、そのときよりも国民の苦難は大きいのではないでしょうか。新型コロナウイルスの感染拡大で命がかかっている状況です。商売ができなくて職を失う。若者やひとり親家庭の生活苦は深刻で、食もままならず、女性の自殺率も高い。菅政権や自民党の支持率が回復する要素はほとんど見当たりません。

菅義偉首相はワクチン接種とオリ・パラの成功に賭けてきましたが、これもうまくいく見込みがなくなってきました。オリ・パラは開催できても、緊急事態宣言下という異常な状況で国民の冷ややかな視線にさらされての強行です。成功とはほど遠く開催自体が目的となってしまいました。ワクチン接種も大混乱で、思惑通りに進んでいません。

都議選でもオリ・パラの開催中止や延期を訴えていた候補に票が入り、都民の「こんな時にオリンピックかよ」という気持ちがにじみ出るような結果でした。菅首相が考えているように、コロナを抑え込んでオリ・パラを成功させて選挙に勝つことができるのか、暗雲が漂ってきています。国民の命を賭けて大きな博打を打って良いのかが問われていると思います。

新自由主義的な政治経済からの転換

　総選挙の争点の1つは、新自由主義を続けるのか、転換するのかという点にあります。新型コロナウイルスの感染拡大とその対策で明らかになったように、新自由主義的な政治や経済、社会のあり方が大きな脆弱性を持ち、根本的な限界が明らかになったからです。

　日本を含めた第二次世界大戦後の世界は、公共の力で資本活動を制御する仕組みを基本としてきました。資本の好き勝手を許さず、経済や社会に公的な力が介入したのです。いわゆる「修正資本主義」的な仕組みで、ヨーロッパなどの福祉国家がその典型でした。

　しかし、石油ショック後の新自由主義への転換によって「官から民へ」が主流となり、規制緩和や民営化が進められ、企業活動を最優先して邪魔になるセーフティネットを減らしてきました。自己責任や効率優先によって稼ぐことを目的に政治や経済を運営してきたために、医療・介護・保育・教育・福祉などが削られ、ケアに弱い社会を作ってきてしまった。これを再転換し、新自由主義的な自己責任・効率優先の社会から人々の命と生活を守るケア優先の社会へと変えていけるかどうかが、今度の総選挙での最大の争点です。

古い政治と政治家の一掃

　もう1つの争点は、時代遅れの政治や政治家を一掃して世界標準の思考やルールへと根本的に転換することです。政治が問われているのは、従来の「右か左か」だけではありません。「新しいか古いか」という観点が付け加わってきています。いまの日本は、世界の潮流となっている「時代の流れ」がまったく分からないような人たちに政権が担われているからです。

　「反核の時代」になっているのに、いまだにアメリカの核兵器の傘に頼り、核爆弾の唯一の被爆国でありながら国連の「核兵器禁止条約」に参加できない。東日本大震災と福島第一原発事故で大きな被害を受けながら脱原発の方向に転換できない。いまだに原発の電力に頼ろうとしている政治家がいます。もう再生可能な電力に転換するときでしょう。

環境問題にも真剣に取り組むべき時代になっています。今回のコロナウイルスの拡大にしても、大企業のやりたい放題で開発を進めてきたツケが回って来たようなものです。利益を高めるために際限なく自然を破壊し市場を拡大していくようなやり方では、もう地球は持たない。

　人間の尊厳を守り、個性を尊重し、差別を許さない社会への転換も、世界全体が直面している今日的な課題です。反ヘイト、人種差別反対、奴隷貿易や植民地支配の歴史の見直し、ジェンダー平等を進めて多様性を認める社会のあり方が模索されています。SDGs（持続可能な開発目標）をめざし、性的少数者であるLGBTQの権利を守り、選択的夫婦別姓を認めることは当たり前ではないでしょうか。

　このような方向に切り替えていく点で、日本の政治も政権党の政治家も極めて遅れています。大きく転換するためには、「古い政治」を担ってきた古い政治家たちを一掃しなければなりません。この点でも、日本を含む世界全体が時代の転換期にさしかかっていることを自覚すべきです。

ホップ、ステップ、ジャンプで政権交代へ

　この本のタイトルは『市民と野党の共闘で政権交代を』ですが、まさに機は熟したといって良いでしょう。「古い政治」に代わる「新しい政治」を新しい政府が担う必要性・必然性が明白になってきているからです。それだけではありません。それを担うべき勢力も生み出されてきています。

　2009年の政権交代はある意味、麻生政権の「敵失」による「風頼み」によるものでした。今回は準備万端、整ったうえでの「決戦」ということになります。これまで野党共闘の実績と経験を積んできたからです。このような共闘の力は政権が誕生してからも大きな意味をもちます。「草の根」で連合政権を担い支える地域での基盤ができ上がりつつあるからです。

　秋の総選挙での政権交代に向けて、立憲野党は4月25日の北海道、長野、広島の3選挙全勝でホップ、今回の都議選の議席増でステップと勢いをつけてきました。この成果を「踏み台」に、野党連合政権の樹立による政権交代に向けて大きくジャンプすることが必要です。

小選挙区制は勢いがついたら止まらない、一気に変わる、中途半端にならない結果を生むという特徴があります。都議選でも市民と野党の共闘の威力をはっきりと示したのは、一人区でした。小金井選挙区は野党の各政党・政派が協力して推薦した無所属候補が当選し、武蔵野選挙区では野党共闘で応援された立憲民主党の候補者が当選しました。野党が共闘した共産の候補者も４選挙区でトップ当選しています。対立構図によっては、小選挙区でも当選できる可能性を示したと言えます。

　ただし、秋の総選挙で一気に野党連合政権が実現できなくてもがっかりすることはありません。たとえ政権交代が実現しても。衆参の多数が異なる「ネジレ国会」なるだけですから。しばらくこの状態が続き、下野した自民・公明両党は連合政権の足を引っ張ろうと妨害活動を展開するでしょう。
　本当の「勝負」は、来年（2022年）７月の参議院選挙の際にやってくることになります。野党連合勢力が参院で過半数を超えることで、初めて安定した連合政権になる。この時までは、「過渡期の政権」ということになります。
　今度の総選挙で自民党の議席が減ることは避けられません。問題はどれだけ減るかです。単独過半数を割るか、あるいは公明党を加えた自・公で過半数を割るか。さらには維新や国民まで入閣させて政権を維持するか。それでも足りなければ、これはもう政権交代です。
　自・公や維新・国民をかき集めてなんとか過半数を超えてしのいだとしても、次のチャンスは来年７月の参議院選挙でやってきます。この選挙で野党共闘側が多数を取れれば、夏から秋にかけて与党連合を解散・総選挙に追い込んで「最終決戦」を挑むことができます。
　このように、今度の総選挙でたとえ野党が多数にならなくても、政権交代の可能性は残ります。来年の参議院選挙と、その後の解散・総選挙の可能性というプロセスがあり得るからです。今年から来年にかけての１年間、日本の政治はまさに激突と激動の時代を迎えるにちがいありません。

市民と野党の共闘―その源流と発展

　「戦争法（平和安全法制）」の反対運動が盛り上がったとき、上智大学の中野晃一教授が「敷き布団と掛け布団」の例を出して両方の大切さを指摘していました。労働組合やさまざまな各種社会運動団体など以前から活動しているのは「敷布団」。一方、新しく加わってきた個々の市民、SEALDs（自由と民主主義のための学生緊急行動）などの青年・学生や「ママの会」などの女性、学者の会や弁護士などは「掛け布団」だというのです。「敷布団」と「掛布団」が合わさってこそ、大きな力になると中野さんは言っていました。そのとおりだと、私も思います。

　「敷布団」ということで言えば、労働組合の注目すべき動きがありました。リーマン・ショック後、日比谷公園での「年越し派遣村」の経験です。派遣切りをされ職と住を失った労働者を支援するために、連合系の労働組合と全労連や全労協が一緒になって食糧支援などに取り組みました。これは今日に至る野党共闘の一つの源流だといえます。

　高田健さんが中心になっている「戦争させない・9条壊すな！総がかり行動実行委員会」に、連合の旧総評系労働組合が結集する団体の元締めである福山真劫さん（前「平和フォーラム」代表）や前全労連議長の小田川義和さんなどが参加しています。つまり、総がかり行動実行委員会の中で労働組合がしっかり連携する枠組みができあがっている。それが土台となって、そのうえに個々の市民や様々な市民団体、全国革新懇（平和・民主・革新の日本をめざす全国の会）や九条の会などが結集する形になっているわけです。このような重層的構造が、今日の市民運動の活動や共闘を支えていることを忘れてはなりません。

　「統一戦線」とは、政治的理念や政策が様々である政治・社会運動団体が、共通する目標や目的のもとに「行動を統一」するということです。1930年代、コミンテルン（Communist International）の下で出された統一戦線政策は、ファシズムに対して民主主義と自由を守ろう、戦争をめざすよう

な勢力に対して平和を守ろうという目標で一致する人たちが行動を統一して始まりました。

これは「反ファシズム人民戦線」へと発展し、フランスやスペインなどで成功する。社会党や共産党が統一戦線を組んで反ファシズムの人民連合政府を作りました。中国で言えば、国民党と共産党との「国共合作」です。

思い返せば、私が提出した法政大学大学院での修士論文は「コミンテルン初期における統一戦線政策の形成—特にドイツ共産党との関係を中心に」というもので、法政大学社会学部『社会労働研究』という学術誌の1978年2月号に掲載されました。私にとっては初めて活字になった論文で、研究者生活の出発点が統一戦線の研究だったのです。

その後、戦争法反対運動が高揚した2015年5月の講演で、私は皆さんに中国の辛亥革命のときの「国共合作」と同じように、「民共合作」を目指すべきだと訴えました。「民」は民主党（その後、民進党）で「共」は共産党です。民主党と共産党の両党が手を結んで共闘する「民共合作」が戦争法阻止を求める勢力にとって必要なものだと考えたからです。

その年の9月15日に自公政権の強行採決で「戦争法」が成立しましたが、その日の午後に共産党は立憲野党による「国民連合政府」の樹立を呼びかけました。これは当時、かなり唐突なものと受け取られましたが、それがめざす方向性は正しかったと思います。

結局、翌2016年7月の参議院選挙に向けて、2月に5つの野党による「五党合意」が結ばれます。こうして、参議院選挙の一人区を中心とする選挙共闘という流れになっていきました。

統一戦線政策の歴史的継承

歴史を振り返ってみれば、日本でも1937（昭和12）年から翌年にかけて人民戦線の結成を企てたとして、加藤勘十・大内兵衛ら日本無産党や労農派の関係者400余人が検挙された「人民戦線事件」がありました。私は法政大学の大原社会問題研究所で所長もやりましたが、大内さんは元の法政大学総長で、戦前は大原社研の研究員でしたから関連の資料が残ってい

ます。

　この人民戦線という考え方も、反ファシズム統一戦線と同様のものです。その考え方を大内さんが受け継ぎ、美濃部亮吉さんを都知事選挙に担ぎ出して1967年に革新都政を実現しました。社会党と共産党の共闘（社共共闘）の仲立ちをするわけです。これが革新自治体の時代を切り開くことになります。

　1980年に社会党と公明党との間で共産党を政権協議の対象から外す「社公合意」ができ、社共共闘が中断されたような形になりました。それを打開することをめざして革新懇ができました。私はいま、全国革新懇の常任世話人をやっています。先輩たちが統一・共闘の流れを絶やさずに引き継ぎ、歯を食いしばって力を尽くしてきたわけで、その努力がようやく報われるのではないかと期待しています。

　今の政治を変えたいと思っている人たちはどんどん声を上げ、幅広くできる範囲で手を結んで行動し、発言していくことが必要です。いまでは、それが力になって大きな成果を挙げています。

　コロナ禍で集まるのは困難ですが、ネットなどを活用して署名を集めたり発言したりする。それが大きな効果を発揮しています。東京オリンピック組織委員会の森喜朗さんの会長辞任も、独断で決めた後継者を選び直させる際も、あるいは入管法改定法案が取り下げられたときもそうでした。リアルで行う集会などとともに、ネットでの反応が政治を動かし変える大きな力になってきています。

　先にも述べましたように、私の研究者生活の始まりは統一戦線研究でした。1993年に法律文化社から出した拙著『概説　現代政治─その動態と理論』の「あとがき」にも「日本共産党の力と政策を構成部分とする『大左翼』の結集」が必要だと書いています。統一の力で政治を変えたい。これが私の生涯をかけた「夢」だったのです。

　おこがましくも「共闘の伝道師」を自認してきましたが、ようやくリアリティをもって「夢」を語ることができるようになりました。こうなると、

もう「夢」ではありません。共闘の力によって政権交代を実現できるかもしれない時代が訪れてきたわけで、まことに感慨無量です。それが実現するように、来る総選挙に期待しています。

＊「大左翼」について、五十嵐仁さんのブログ『転成仁語』(https://igajin.blog.ss-blog.jp/)より

　最初に「大左翼」を呼び掛けたのは1993年5月に法律文化社から刊行した拙著『概説・現代政治—その動態と理論』の「あとがき」です。

　「ただでさえ、日本における『左翼』は少数派であり、その発言力は弱体化しつつあるように見える。これは、政治的な対抗関係を弱め、政治の多元性を堀り崩す点で、現代政治にとっても好ましいことではない。いま求められているのは、『反共』でも『反共分子』の排除でもなく、『大左翼』の結集によって『左翼的空間』を拡大し、保守政治に対抗し得る新しい政治勢力を作り出すことであろう。

　この新しい政治勢力は、保守政治に対抗できるだけの量、力を持たなければならないが、同時に保守政治を根本的に転換できるだけの新しい質、政策、展望を持たなければならない。そのためには、保守政治と手を組むことを潔しとしないすべての勢力が協力・共同する必要があろう。」(372頁)

　今日の国会状況からすれば、「保守政治に対抗できるだけの量、力」を持つことは困難かもしれません。しかし、改憲を阻止するだけの影響力を獲得することは可能でしょう。一度は、政権交代によって「保守政治に対抗」する可能性を生み出したのですから……。

　残念ながら、政権交代の中心になった民主党は「保守政治を根本的に転換できるだけの新しい質、政策、展望」を持つことができませんでした。そのために、保守勢力の政権復帰と改憲の危機を生み出すことになりました。このような失敗を繰り返さないためには、「保守政治と手を組むこと

を潔しとしないすべての勢力が協力・共同」して「新しい政治勢力」を形成し、「保守政治を根本的に転換できるだけの新しい質、政策、展望」を示す必要があります。

　そのための努力を、ぜひ始めて欲しいものです。20年前の呼びかけを、いま再び繰り返さなければならないのは誠に残念ですが、このような情勢ではやむを得ません。憲法を変えてはならないと考えるすべての勢力・人々の大同団結によって「大左翼」を形成することを、いま再び、呼びかけたいと思います。

第2章

政治に絶望した有権者に希望を与える野党共闘

慶應義塾大学名誉教授　小林 節

政治の私物化と憲法破壊を続ける自民党政権

　自民党は憲法改正を掲げていますが、それ以前に現行憲法を無視した壊憲へと突き進んでいます。

　例えば森友学園、加計学園、桜を見る会、東北新社などの問題は、本来は国民のものである権力を自民党の政治家が私物化しているということです。自民党の政治家とその親しい人たちだけが法の適用を免れて、公の予算を私的に使っています。

　安倍政権は平和安全法制と称して戦争法を強行採決しました。これまでは憲法9条がある以上、海外派兵はできないというのが日本国政府の公式見解であり、自民党の伝統的解釈でした。それを憲法はそのままに解釈を変更するという方法でねじ曲げました。

　地方自治も憲法で保障されている権利ですが、選挙の結果で明らかになった沖縄住民の民意を無視して米軍基地を押しつけ続けています。

　法治主義とはつまり民主主義を意味するのですが、現政権下においてはその政治の基本が見えません。憲法について国民に問うという手続きをとらず、解釈を変えて無理矢理つじつまを合わせようと躍起になっています。自民党政権下で、日本国憲法は破壊され続けているのです。

野党共闘の出発点だった違憲の戦争法

　2015年の平和安全法制に関する衆議院憲法審査会での参考人意見陳述についてご関心があるようですので、これについてお話します。

　私は民主党と共産党からの推薦という形で参考人として参加しました。もう一人は維新の会の推薦で笹田栄司さん。彼は違憲審査権の専門家です。

話題になったのはもう一人の参考人です。東京大学の名誉教授で、早稲田大学の教授でもある長谷部恭男さんで、彼は自民党の推薦で招致された人物です。

　自民党が衆議院の法制局長に人選を一任したところ、当時の法制局長が同じ東大出身で親しかった長谷部さんを指名しました。法制局長の人選ということで自民党改憲勢力は安心していたのだと思いますが、彼はその時すでに私と国民安保法制懇を作って、自民党の改正改憲は違憲であるという記者会見まで行っていました。

　民主党と共産党推薦の私と、維新の会推薦の笹田さんは違憲であると答える流れの中で、長谷部さんもご自分の学説をお話しされたということです。自民党は党の意見と異なる主張をしている人物を参考人として招致してしまった人選ミスということです。

　日本の憲法学者の9割以上（朝日新聞社の調査では98%）が、あの戦争法は違憲だと回答しています。

野党共闘の報じられ方について

　安保法制が強行採決された後の2015年の秋、共産党の志位和夫委員長が私と対談したことが、しんぶん赤旗に大きく報じられましたが、この時は日刊ゲンダイの編集局長からのご提案で野党の全党首と紙上で対談しました。民主党の岡田克也さん、維新の党の松野頼久さん、社民党の吉田忠智さんとも対談して、これが日刊ゲンダイの紙面で連載され、後に冊子になりました。

　それ以前から志位さんは、様々なメディアを通じて私の発言や主張に注目してくださっていましたし、共産党の本部からインターネットで対談の配信もしました。志位さんとの対談だけがインターネットに流れたことで、共産党党首だけと対談したような誤解を生んでしまいましたが、全ての党首との対談が流れていれば、また情勢は変わっていたのかもしれません。

　私は以前から、小選挙区制の下で野党が勝つためには一丸となって共闘しなければならないと言い続けてきました。志位さんが「野党共闘」をキー

ワードとして立ち上がろうという際に、山下芳生副委員長を通して「小林先生の方法が一番公平な野党共闘のやり方だと思っています。先生の掲げる野党共闘を使わせていただきます」とわざわざ断りを入れてくださいました。これをきっかけに、私は志位さんという人物を信頼するようになりました。

　あの当時、野党党首全てと公に対談した学者は私一人でした。全ての主張が一致しているわけではない、党員でもない私と対談して、それを広く報じるということは大変勇気のいることだったと思います。私にとっても、それぞれの党がどのような考え方をしているのかということを深く勉強する貴重な機会でした。

有権者の１割の支持を増やせば政権交代に

　現在の展望といえば、希望と絶望が同時にあります。

　与党に有利な小選挙区制である以上、野党は一つにならなければ勝てないというのが私の持論です。けれど当時の民主党は公の場では言いませんでしたが「一番大きな我々に協力すべきだから共産党は候補を出すな」という考えでした。民主党の責任者に「小林先生が言えばみんなが従うから予備選挙実施を主張してくれませんか」という提案をされたことがありました。けれど野党で予備選挙をすれば、ほとんどの選挙区で旧民主党が１位になるのは明らかです。

　そして、予備選挙の結果を持って、１位の民主党に他の野党は従えという論理は、私が考える野党共闘の姿ではありません。各党が全国区でどれだけの票を持っているのか。まず、それによって小選挙区の数を割り振る。例えば共産党であれば長野県や高知、京都府といった得票率の高い選挙区に力を結集して確実に議席を獲る。そのような特定の選挙区については他の野党も全力でサポートする。これが本来の共闘です。自民党と公明党が採用している方法です。

　参議院選挙の一人区ではある程度前進したと評価しますが、その内容は全野党が旧民主党に協力しただけという結果になりました。これは本当に

不公平なやり方です。

　ですから衆議院という300近い小選挙区をたたかうのであれば、社民党にも共産党にもそれぞれの選挙区を割り振る。そして全野党が力を合わせて全力で戦う。そうやって「本当に野党が協力している姿」を見せなければ、国民は期待しません。

　自民党から政権交代した細川政権の時も鳩山政権の時も、「何かが変わるんじゃないか」という国民の期待が結果に表れました。今は5割以上の人々が投票を棄権しています。政治を諦めているんです。その諦めを期待に変えなければいけません。そうすれば「今回は投票してみようか」という気持ちになります。

　仮に投票率が1割上がったとして、その1割は現状の政治に不満を持つ人たちが野党に投じる票です。そうなれば政権交代になります。このような理由から、野党は本気に手を取り合って現政権から国民のための政治を取り戻さなければいけないのです。

「共産党と組むと中間層の票を失う」か？

　けれど残念なことに、旧民主党の支持母体の連合（日本労働組合総連合会）から、「共産党と組むのであれば支援をしない」と脅される。「共産党と選挙をすると中間層の票を失う」と言われてしまう。本当にそうでしょうか。

　東京都議会選挙の様子を見ても、共産党は都民からの支持を増やしています。中間層が共産党の政策に魅力を感じ始めています。

　共産党が暴力政党だという伝聞も誤ったものです。1917年のロシアや1949年の中国ではないのですから、今の日本で共産主義者による暴力革命なんてあり得ません。

　天皇制や自衛隊についての共産党の主張も誤解されています。大日本国憲法下の天皇制と、日本国憲法に基づく天皇制は全く異なります。自民党が現行憲法をねじ曲げて、明治憲法での天皇制のような扱いを目論んだ場合に共産党が抵抗を示すだけです。

　日米安保についても自衛隊についても、現在の日本を取り巻く世界情勢

のなかで直ちになくせるものではないと、党の綱領で明確に認めています。日米安保をなくす、自衛隊をなくすことは共産党の理想であり、日本国憲法の理想でもあるけれど、それは遠い将来にそういう時代が訪れた時に、主権者国民が決定するものだと。それは共産党の綱領に明文化されていますし、志位さんも公の講演で何度も発言しています。

そのような本来の共産党の主張を国民が広く知るに至った現在でも、選挙の前になると反共攻撃が始まります。それらに臆してしまう民主党系の候補者がいる一方で、公明党と同じく組織票を持っている共産党に救いを求める野党候補者も沢山います。

これまでの誤解を拡大解釈しての反共攻撃も、これが最後の山場です。そしてそれは越えられない山ではありません。

立憲民主党代表の枝野幸男さんは、共産党とは連立政権を組まないと言います。選挙には協力を要請しながら、政権交代しても政権には加えないと。

実際に選挙戦をたたかう候補者たちはこれに困惑しています。共産党の協力を強く求める現場の候補者の意見を取り上げないというのは非民主的であると言えます。けれど少しずつ状況が変化してきていることも感じています。枝野さんの舵取りに異を唱える声も増えてきています。

都議選で明らかになりましたが、国政と異なり都政においては規模が小さい立憲民主党は共産党に強硬姿勢がとれません。その結果として、まともな選挙協力という形が実現できたのだと思います。今度の選挙で野党共闘に失敗するとしたら、それは立憲民主党の得票が伸びないということです。チャンスを棒に振るのは大変悔しいことですが、それで立憲民主党が弱気になれば、本来あるべき姿の野党共闘に近づくかもしれません。

選挙はこの先もあります。正しいことを諦める必要はありません。

今後も野党共闘は前進すると思います。選挙戦を戦う立憲民主党の候補者たちは、一つの選挙区に１万、２万という固定票を持っている共産党の協力を失うわけにはいきません。だから枝野さんが何と言おうと、実際に

は共産党に協力要請をしています。しかし、立憲民主党から不要だと言われているにも関わらず、共産党が自ら組織票を持って自発的に協力する理由はありません。それでは感謝もされないのですから。現場の空気が冷めないように、立憲民主党の候補者自身が気を遣っている状況です。

　参院選で明らかなように、野党共闘の力の源は共産党の組織力と組織票です。共産党の支援を得て当選した候補者は、やはり当選後も共産党に敬意を払います。それを理解している志位さんは共産党が旧民主党幹部からぞんざいな扱いをされても忍耐を重ねています。そうやって選挙の度に共産党が存在感を増しています。穏やかながら野党共闘は前進しているんです。今後の展望を考えれば、何も諦める必要はありません。

　野党共闘においては、与党支持者からは政策が一致していないことを度々指摘されます。けれど自公連立政権についても同様なのです。

　2012年に自民党が改憲草案を正式に発表しました。これは端的に言えば明治憲法に戻そうという素案です。一方、創価学会を母体とする公明党ですが、創価学会初代会長の牧口常三郎さんは日蓮仏法に基づいて明治憲法下で天皇を絶対視しなかったために治安維持法違反の罪で獄死しています。明治憲法すなわち神道国家を目指す自民党と、明治憲法下で初代会長を殺されて仏教立国を目指している公明党は、理念の一致がなくても権力のために野合しています。

　立憲民主党であれ国民民主党であれ、共産党であれ社民党であれ、今の憲法を破壊し続けている自公連立政権に異を唱えるという意味での政策は一致しているのです。自民党と公明党が、これまでの9年あまりで決定的に破壊してしまった民主主義を取り戻すということこそが基本理念の一致であり、共通の政策要綱なのです。

　戦争法を廃止し、労働法制を軌道修正し、新自由主義に蝕まれることを阻止して、福祉の切り捨てを止めさせる。そのための政権交代こそが立派な共通政策なんです。有権者が脅しやデマに振り回されないこと。これが民意を大切にする国民のための政治を取り戻す、重要なファクターなので

す。

労働組合と市民団体について

　「労働条件の改善のみを目的とした労組が、政党支持について組合員へ命令をするようなことはあってはいけない」。これは最高裁判決でも結果が出ています。政党支持は個人の自由なんです。労働組合が支持政党を指示してはいけないのです。

　現在の労働組合は組織率が低いことと合わせて、政治に対する発言力もなくなっています。立憲民主党の幹部は、「共産党と手を組むなら支持をしない」と実態のない支持母体から脅されておびえているのだと思います。現在のパワーバランスのなかで、共産党からの協力を得ることと労働組合の言いなりになることを比較すれば、どちらが利するかは自ずと分かります。けれど立憲民主党の幹部は、「選挙協力はしても共産党とは手を組まない」と、労働組合に方便を使っている。

　現在は増税に加えて福祉を切り下げ、戦争の危機もあるところに、水際作戦のしくじりでコロナパンデミックが酷い状況です。こんなときに自公連立政権の延命に加担するようなことをしていてはいけません。政権交代して、この国を少しでも良い方向に軌道修正するという気概がなければ、政治家ではありません。

　そのための手段として野党共闘があるのです。この国の行く末を決めるのは、今、政治を諦めてしまっている５割の人々です。投票を棄権してしまっている５割以上の無党派層が立ち上がった瞬間に流れが決まります。これを動員するための方法が野党共闘です。

　一方で、旧態依然とした市民団体からは、活動する組織や活動家、運動家が少ないからではないかという声があります。選挙区毎に1000人の市民が集まって、野党に共闘を迫ればいいという、古い発想です。私はこれには反対です。

　あまりにも政治がつまらないなか、５割以上の有権者が政治を諦めてい

るという状況で、活動家が昔のしがらみや縄張り争いに一般市民を巻き込もうとしても無駄です。不毛な争いに身を投じようという一般市民なんていません。有権者に訴えるのは、今度こそ政治が良くなるという期待なんです。野党が本当に真摯に共闘している姿を見せることです。

　明治憲法下では日本という大きな家族の中、我々は全て天皇の赤子でした。個々の家族の中では家長である父親が全てを決定していました。けれど今は情報化社会です。個人が自分の考えに従って行動する時代なんです。労働組合の幹部の指示で投票なんてしません。活動家に煽動されても、政治に絶望している人は行動しません。

　インターネットをはじめとしたメディアで、「野党が本気で変わって政権交代に臨んでいる姿」を目の当たりにすれば、絶望していた5割の中から投票所に足を運ぶ人たちが現れます。

　活動家が選挙区に1000人の支持者を集めるのではないのです。野党の政治家が賢く責任をもって野党共闘を実現する。そうすれば次の選挙では自然に支持者が集まります。

野党共闘を成功に導くため

　野党共闘が成功するために必要なのは、旧態依然とした野党に対する説得です。政権交代に期待している市民、まだ絶望していない国民が彼らに働きかけることです。

　静岡県知事選挙も千葉県知事選挙も、自民党系が惨敗しました。今度の横浜市長選挙でも、ようやく決まった自民党候補が民意に押されて国策のカジノに反対を表明しなければならなくなりました。

　コップのなかの縄張り争いをしている場合ではないのです。嫌がらせをして足を引っ張りあっても世の中は良くならないし、私たちが敵対しても意味がない。私利私欲のために公権力を利用している敵は向こうにいるではありませんか。

　各市民団体との主張の違いもなかなか難しい壁ではありますが、それでも対話は続けたいと思っています。足の引っ張り合いと評論に終始してい

る旧世代の市民運動家はいずれ消えていく運命です。

　野党の政治家たちにしても、主張が異なる相手と、テーブルの下で足を蹴り合いながらもテーブルの上ではにこやかに握手して、有権者がもう一度政治に期待できるようにして欲しいのです。

　そうやって政治を諦めた5割以上の有権者をもう一度振り向かせるのです。

第 3 章

壊憲阻止し憲法を活かした政治を

戦争させない・9条壊すな！総がかり行動実行委員会共同代表　高田 健

コロナ禍を利用した改憲策動

　憲法 9 条改憲に前のめりだった安倍晋三首相が 2020 年 8 月 28 日に体調悪化を理由に辞任し、内閣官房長官だった菅義偉氏が首相となり 1 年近くになろうとしています。安倍政権と比べて菅政権では改憲策動の流れは静まっているかのように見えますが、実は着々と改憲に向けての準備が進められていることを見過ごすわけにはいきません。

　2021 年 5 月 3 日の憲法記念日を契機に、菅首相や与党幹部らから「（コロナ禍の）ピンチをチャンスに」（下村博文・自民党政調会長）とばかりに、緊急事態条項導入の改憲論があいついでいます。極め付きは加藤勝信官房長官の「（コロナ禍は）絶好の契機」発言でした。

　菅首相は 6 月 10 日に開かれた「中曽根康弘会長を偲び、新しい憲法を制定する推進大会」に寄せたメッセージで、憲法の時代にそぐわない部分、不足している部分については改正していくことは当然と述べ、「（緊急事態への備えを）憲法に位置付けることは、きわめて大切な課題だ」「新型コロナウイルスのワクチン接種などに懸命に対応している自衛隊を違憲とする声がいまだに根強くある」と、改憲の必要性を強調しています。

　先の通常国会で改憲手続法（国民投票法）改定案が成立したことから、総選挙後には与党改憲派は本格的に憲法審査会で自民党改憲 4 項目（①自衛隊の明記、②緊急事態対応、③合区解消・地方公共団体、④教育充実）を材料に、改憲原案づくりに向けた議論を進めてくることでしょう。緊急事態条項改憲論は、その突破口にされようとしています。

　憲法に緊急事態条項を創設するという改憲の最大の問題点は、緊急事態が生じたときに法律と同等の効力を持つ政令を内閣が制定できる点にあり

ます。これは憲法の主権在民と三権分立原則が脅かされるということです。

　そもそも、新型コロナ感染症の法的対策はすでに2020年3月の「新型インフルエンザ等対策特別措置法」の改正で行われています。これで不十分というのであれば、国会で十分審議のうえ、新たな法律改正を行えばよいのであって、改憲の問題にするのはコロナ禍を利用した問題のすりかえです。政府与党は野党が憲法53条に従って臨時国会の開会を要求しているのを拒否していますが言語道断です。

「戦争への道」を阻止する

　自民党の4項目改憲案は、安倍首相（当時）が2017年5月3日の憲法記念日に、唐突に9条の条文をそのまま維持したうえで、これに自衛隊を明記するという改憲案を提起したことに始まり、自民党内の議論を経て現在の4項目改憲案になっています。この経緯からみても、4項目の真の狙いが自衛隊の根拠規定を憲法に書き込むことにあったことは明らかです。改憲派にとっては4項目中のどれからであれ、明文改憲論議に入ることができさえすればそれでいいのです。

　改憲の口実は今後も変転するかもしれませんが、自民党などの改憲の目的が9条を壊して「戦争できる国」にすることにあるのは間違いありません。

　米国のバイデン政権誕生に合わせてインド太平洋地域では、日米同盟が軍事同盟化され、中国に対抗する包囲網が敷かれつつあります。麻生太郎副総理兼外務大臣は7月5日に自民党の会合での講演で、台湾海峡情勢をめぐって、「大きな問題が起き、日本にとって『次は』となれば、（安保法制の）存立危機事態に関係してくるといってもおかしくない。日米で一緒に台湾の防衛をやらないといけない」と述べています。このように、台湾有事を念頭に集団的自衛権行使を想定しています。

　「台湾防衛」への参加は中国との戦争だ —今、改憲派の頭の中はこうなっていると言えます。

　しかし、「台湾海峡の平和と安定の重要性」を強調する米国でさえ、カー

ト・キャンベル米国家安全保障会議（NSC）インド太平洋調整官が7月6日に「台湾の独立を支持しない」と述べ、中国を正当な国家として認める「一つの中国」政策の枠内で台湾支援を行う考えを示していることなどを見れば、麻生発言が米中衝突に「前のめり」になりすぎていることは明らかでしょう。

憲法問題での共同の積み重ねから市民連合の結成へ

　私は長い間、許すな！憲法改悪・市民連絡会で、憲法の問題に取り組んできましたが、しばらく前までは市民運動が憲法問題に関わることは非常に少なかったと記憶しています。既存の共産党や社会党なりといった政党とは別に、市民が自ら憲法問題に取り組む運動は本当に少なくて、小さな運動でしかありませんでした。1980年代の終わり頃から、全国で小さな運動をしている人たちと横の連携をすることで運動を強化しようという取り組みを始めて、2000年の初めくらいに、当時の社会党党首の土井たか子さんや共産党委員長の志位和夫さんと、初めて憲法集会など一緒に運動を展開しようということになりました。これが憲法運動の共同の始まりです。まだその時点では、労働組合の連合左派系を中心としたフォーラム平和・人権・環境（平和フォーラム）の人たちとは肩を並べてともにたたかう状況ではありませんでした。

　2014年に安倍政権が集団的自衛権の解釈改憲の閣議決定をしたという事態で、これは大変なことなので一緒にやっていきましょうという話し合いがもたれてきました。

　労働組合同士にも連合系と全労連系などでそれなりの対立がありますが、その後、連合左派の人たちとも、ようやく一緒に運動を繰り広げられるようになりました。

　「戦争させない・9条壊すな！　総がかり行動実行委員会（総がかり行動）」では、私とともに、連合系の「戦争をさせない1000人委員会」の福山真劫さん、全労連系の「戦争する国づくりストップ！　憲法を守り・いかす共同センター」（憲法共同センター）の小田川義和さんの3人が共同代表を

務めましたが、福山さんの連合と小田川さんの全労連は 2014 年まではかなり対立していて、それまでは一緒に話し合ったり、行動することはありませんでした。それが安倍政権の動向の中で危機感を強めて協力に同意したというのが、総がかり行動での共闘のきっかけになりました。

　総がかり行動は 2014 年にでき、全国的に大きな市民行動を繰り広げましたが、その後 2015 年 9 月 19 日に安保法案が可決されてしまい、事実上敗北しました。全国でこれだけ一所懸命に反対運動をやってきたけれど、安保法制は通ってしまったのです。
　その後、これまでのやり方で良いのだろうかという自問と反省の答えとして、私たちは国政選挙の問題に対しても直接取り組まなければいけないのだという結論に至ります。安保法制反対運動を展開した運動の責任として、国政選挙にも取り組もうという話になりました。
　そうしたなか 2015 年 12 月に、総がかり行動と SEALDs、安保関連法に反対するママの会、安全保障関連法に反対する学者の会、立憲デモクラシーの会の 5 つの市民団体が呼びかけて、安保法制の廃止と立憲主義の回復を求める市民連合（市民連合）ができます。それまで選挙は政党任せでお手伝いをする程度に留まっていた市民運動が、主権者として自らの責任で選挙に取り組むために立ち上げたのが市民連合です。

平和運動の「敷き布団」と「掛け布団」
　2015 年の戦争法反対運動の盛り上がりについて、上智大学の中野晃一さんは「敷き布団の上に掛け布団」という表現をしました。平和運動には、いくつかの波があります。例えば 60 年安保闘争があったり、70 年安保があったり、2000 年頃のイラク反戦運動があったりというように盛り上がる時と、逆に停滞する時期があります。中野さんがおっしゃる「敷き布団」とは、そういった波に関わらず、運動の停滞期にも粘り強く続けている人たちを指しました。
　彼らが運動の停滞期でも頑張り続けることが、様々な時期の運動の盛り

上がりを支えているのだと。それがなければ盛り上がるはずのものが、盛り上がらないのだということなのです。

ベトナム反戦運動の盛り上がり以後、1970年代の最後からは平和運動がほとんどない時代で、1990年代まで平和運動は停滞していました。しかし、90年代後半の「陸海空港湾20労組」と市民の共同による有事法制に反対する運動を経て、2003年のイラク反戦運動では国際的なイラク反戦の波に呼応して若者を中心に、WORLD PEACE NOW という形で日比谷公園集会に5万人が集うなどの運動が盛り上がっていきました。組織された団体でも政党でもなく、無党派の個人が集まって反戦運動をやったのです。

また、2004年に結成された九条の会が全国各地で広がっていて、現在でも各地で7000以上の九条の会が組織されています。

そうした波に乗って新たに参加してくる「掛け布団」のために、地道に運動を続けている基盤こそが、中野さんが「敷き布団」と呼んだ人たちです。

2015年に安保法制が強行可決されようかという時には、SEALDsなどが呼びかけた国会前で抗議行動が繰り広げられました。その中で「野党は共闘！」という市民の声が大きくなっていきました。

市民団体も政党も、それぞれの主張によって運動の一本化が困難でしたが、官邸を包囲した15万人の市民の声を無視できなくなっていくなかで、市民と野党の共同が進んで行きました。

都議選に続く立憲野党の勝利、政権交代実現に向けて

7月4日の都議会議員選挙は、4月25日の3つの国政選挙（参議院広島選挙区の再選挙と長野選挙区の補欠選挙、衆議院北海道2区の補欠選挙）での与党敗北・立憲野党勝利に続く重要な成果があったと考えています。共通しているのは、野党が市民と協力したことが結果に繋がったことだと思います。

都議選では、立憲民主党と共産党の選挙協力が大きく効を奏した形で、結果的に都民ファーストや自民党と拮抗する勢力となりました。都議選に

関してマスコミは、「共産党と立憲民主党との棲み分け」と報じましたが、実際には棲み分け以上のことをしています。

　棲み分けとは本来、各選挙区で候補者の擁立を調整する程度に留まりますが、今回のケースではそれ以上の相互支援をしました。これは東京都の共産党と立憲民主党が長い時間をかけて構築した信頼関係が開花したのだと思っています。ポイントはそこです。

　都議選で示されたのは自公政権に対する有権者の答えだったのだと思います。国政についても同様で、野党が自公政権と対決する旗印を掲げる。有権者にはっきりとそれを示すことが大切です。

　これまで市民連合は参議院選挙を2回、衆議院選挙を1回、計3回の国政選挙を経験しました。次に迎える国政選挙が4回目ということになりますが、これまでの3回とは大きく異なる要素があります。

　今までは市民連合の呼びかけに対して、各党の幹事長や委員長と一緒に共同の会談ができました。政策についての協議をして、政策調印などもしてきました。形式としては、市民連合が政策提案を提示して、各党の党首がサインをします。現場を撮影した写真も新聞に掲載されます。

　今回は立憲民主党と共産党、社民党はこれまで通りのやり方でということで合意しているのですが、国民民主党とれいわ新選組が参加しないために共闘のテーブルが開けないでいます。国民民主党は共産党と同席したくないという立場で、れいわ新選組は「消費税5％合意が前提」だということです。これが非常に深刻な問題だと感じています。

　私たちの呼びかけに呼応してくれた3つの政党（立憲、共産、社民）と2会派（沖縄の風、碧水会）だけで共闘をという声もありますが、それをやれば野党が分裂しているという印象は否めないですし、当然マスメディアはそれを面白おかしく書き立てるはずです。何とかもう一度足場を固めるために、悪戦苦闘している最中です。

　消費税減税について立憲民主党が共闘に向けて政策調整してきたように、国民民主党も選挙区の事情によっては共闘しなければならないことは

明らかですので、最終的にはどのように折り合いをつけるのかが重要です。それをスムースに運ぶために、市民連合が少しでも役に立てれば良いと考えています。

　オリンピックでもコロナ対策でも政府の失策が相次いでいます。それに対する人々の不満も日増しに高まってきています。コロナ禍での国民の生活保障についても、野党共闘で自公連立政権とは異なる政策を掲げて有権者にしっかりと訴える。そういうことが大切だと思います。

　命と人権、人間の尊厳という問題を、野党が正面に掲げて結集すれば、本当に政治は変わります。こんなにも政治が変わるのかと、国が良くなるのかと、若者たちがそういう成功体験をするために、とにかく、今やれることをやらなければいけません。

　立憲野党に政権交代が実現したら、野党共闘の出発点だった安保法制は法改正しなくてはいけません。まずは憲法違反である集団的自衛権容認の閣議決定を撤回する。閣議決定は法律とは異なり、国会の採決を経ずに内閣で決定することができます。

　そして、国民監視と人権侵害をもたらす重要土地調査法（重要施設周辺の土地利用規制法）や秘密保護法（特定秘密の保護に関する法律）なども廃止する。辺野古新基地建設は止める。このように憲法違反の法律を一つずつ軌道修正する仕事をやっていく。

　原発に関しても再稼働させないでゼロを目指す。これらに真剣に取り組むだけでも、日本は随分変わるはずです。

第 2 部　各界からの提案

第4章

「個人が食べられる」働き方の再検討を

和光大学名誉教授　竹信 三恵子

非正規社員の拡大をもたらした新自由主義

　政府が「働き方改革」を声高に叫ぶ一方で、国内の就労人口の中で非正規雇用と呼ばれる派遣会社を通じて就労する登録型派遣の割合が急激に増しています。

　被雇用者がきちんと働くためには、雇用者に対抗することが可能な仕組みを作る必要があると考えています。そのために重要なのが労働基本権（労働3権）で、労働組合を組織して団体交渉を行ったり、ストライキを実施することが合法的に認められています。

　これら労働基本権がなぜ必要なのかといえば、雇われる側というのはやはり弱い立場ですので、そういった交渉については集団的に行う権利があることを法律で明文化していると考えてよいでしょう。

　では非正規社員、派遣社員の場合はどうなるのでしょう。

　派遣労働の場合、労働者は派遣会社と契約を結びますが、実際に勤務する会社は異なります。派遣先の労働条件に問題が生じても、相手と交渉する権利が実質的にはありません。労働安全衛生など、派遣先の責任とされているものもありますが、派遣先で起こった問題に対して相手と交渉を試みても、相手からは本来の雇用主である派遣会社に相談しなさいと言われることが圧倒的に多いのです。派遣会社としては派遣先の企業はお客様ですので、そこにクレームは入れにくい。ある意味、社員からのクレームの盾になることも、派遣会社のサービスの一つと言えます。こうして、派遣社員には派遣会社と派遣先の企業という、実質的に2つの雇用主が存在することになります。このように、二人の雇い主が手を結んで労働者を圧迫する形になる構造が、派遣労働の問題点です。

派遣会社は、派遣先から社員に支払われる派遣料から毎回「マージン」として一般には３割程度、多ければ６割〜８割も徴収されるケースもあります。働き手の労働への対価のはずの賃金が、マージンとして派遣会社に「ピンハネ」されることになります。つまり、「労働力を提供している会社との労使交渉で賃金を上げる」という本来の労働者の権利が極めて行使しにくく、労働市場が逼迫して賃金を上げないと派遣先が人を雇えない状況が生まれない限り、なかなか賃上げができない仕組みが派遣です。

　当初は特定の業務のみに限定されていた派遣労働でしたが、原則、全面自由化されたのが1999年です。そして2004年、小泉政権時代には、最後まで禁止されていた製造業での派遣労働を解禁しました。この間、雇用政策は、大手ビジネスのトップなどを中心に規制緩和路線が推進され、こうした人々は安倍政権でも雇用の規制緩和策の中心的な存在となってきました。そんななかで、人材ビジネスはハローワークなどの職業紹介部門へのかかわりを強め、労働行政への関与の範囲を拡大していきました。人材業界が労働行政にとって代わるかのような動きで、これらについては、社会全体の信認を負っている政権中枢が、自分の所属する個別業界の利益を拡大する政策を進める「利益相反」ではないかという指摘もあります。

　民主党政権時代に一度、派遣法の規制強化が図られましたが、第二次安倍政権下ではそういった規制を事実上無力化する法改定が、派遣社員たちの反対運動を押し切って強行しされ、労働市場での派遣会社の活動範囲はさらに増していくことになります。人材ビジネス業界の2010年度と2019年度の市場規模を比較すると、９年間で３倍以上の市場拡大が起き、この業界と政界との癒着報道も頻繁に流れるようになりました。

派遣社員の雇用契約・労働組合加入の困難

　派遣社員が派遣先企業の労働組合に加入することは不可能かと言えば、そんなことはありません。労働組合の規約で「派遣社員の加入を認める」とされていれば、派遣社員でも派遣先企業の労働組合に加入することはできますし、そうした措置をとっている労組も存在します。これによって、

会社との交渉力を強めることもできます。

　ただ、2018 年の厚労省の労働組合活動実態調査では、派遣社員に参加資格がある労働組合は 5.2％にすぎず、9 割以上が派遣社員の加入を認めていません。残念ながら、「派遣会社という別の会社の社員」という意識が壁になって、派遣社員の労働組合への門戸を開いているところは非常に少ないというのが実情です。

　企業横断型の派遣ユニオンも存在し、NPO も駆使してさまざまな課題に取り組んでいますが、不安定な働き方であることから定着して労働運動ができる働き方ではない点が、やはり壁です。

「男女均等」の名の下に進んだ女性労働者への差別

　規制緩和政策を推進し始めた中曽根政権時代の 1985 年に、労働者派遣法ができました。米国のレーガン政権や、英国のサッチャー政権と並んで新自由主義的な政策が進められたこの時期にスタートした派遣法は、「自由な働き方」とうたって、これまで述べてきたような労働法の規制をきわめて受けにくい働き手が創出されましたが、ほかにも、短期雇用の契約社員やパートなども、規制緩和で急速に広がっていきます。その時にフルに利用されたのが、女性差別でした。

　派遣法が制定された年に、男女雇用機会均等法が成立しました。これは、女性であることを理由にした採用差別などを禁止したので、女性の職域は大きく広がりましたが、この改定は同時に、「男性と同程度の長時間労働を引き受ければ、男性と同等には扱ってやる」という構造を固定化させました。欧州では、男性も家事育児を担えるよう、男女共通の労働時間規制を強め、「女性並み」を導入したのですが、日本では女性労働者に対する時間外労働の制限や休日・夜間労働の禁止といった「女子保護」規定が均等法と引き換えに撤廃されて、「男性並み」の過酷労働が男女共通の標準となっていったからです。

　従来から、「妻がいるから、極端な長時間労働を強いられても問題はない」とされて酷使されてきたのが、日本の男性会社員の特徴です。女性の

労働時間規制が撤廃されてしまうと、こうした妻がいる働き手しかできない働き方に合わせることができる女性だけが対等に扱われることになります。そして、性別役割分業によって家族の世話を担わされ、そのような働き方では仕事と生活の両立が困難になる女性に対しては、家事・育児の合間に「細切れで働くことができる」と称して、パートや派遣社員という選択肢が用意されました。パートは単純労働が多いから、高度な仕事ができる派遣という働き方を用意した、と説明されましたが、これでは、高度の技能があっても不安定で労働権を行使できない働き方を作ったことになります。

　男性たちは、家事育児を担う女性たちの働き方であって、自分たちには関係ないと考え、ほとんど問題にしませんでした。バブル経済で労働市場がひっ迫し、派遣の賃金が一時的にせよ低賃金の正社員女性の水準より高かったことから、男性正社員のような奴隷的な働き方より生活との両立ができる派遣の働き方がまし、と考える女性も少なくありませんでした。

　けれど、それらの規制は徐々に緩和されていき、1997年の山一証券の破綻に象徴される大不況を背景に、「仕事がないなら派遣でも構わないだろう」という世の中の空気を背景に、その対象は一気に拡大されました。

　バブル後の不況で大手企業の正社員もリストラされて行く時代に、これまで派遣労働の規制緩和に関心を持たなかった男性も、一気にその対象として取り込まれていくことになります。そうやって、「夫がいるはずだから大丈夫」という偏見を利用して、女性を切り込み隊長のようにして不安定な働き方を解禁し、枠が広がると、そこに男性も新卒も放り込んでいくという雇用劣化の手法を、日本社会は繰り返しています。

労働者の権利を教育で学ぶ機会がない

　日本では労働者の権利や、労働法制の規制がないと労働環境が悪化するといったことを、教育の場で取り上げることはほとんどありませんでした。雇用主の都合によって、がんじがらめの長時間労働を強いられるか、あるいは権利も保護も望めないことを代償にした「自由な働き方」かという、

二者選択以外にはないのだと思わされてきたのが日本の労働者です。バブル経済の時代には「社畜からフリーターへ」という言葉が流行りましたが、あまりにも拘束の強い正社員を抜け出したかに見える「自由な働き方」は、労働者の権利からも生活保障からも「自由」なのだということを知らされず、人件費の削減に利用されてきたのです。

　企業の言いなりで働かされることにノーと言いつつ、労働権や生活の保障を受けられることは、生存権の面から当たり前だということがきちんと教育されていれば、そのような勘違いをさせられることはなかったはずなのですが、それらをなおざりにしてきた結果が今の状況です。

　「自由」か「規制」かの二者択一のように言われがちですが、規制には、人間の命を守り、生活を守ることで本当の自由を保障するという社会的な規制もあります。憲法が権力者を規制して国民の自由を保障するものであるのと同様に、労働法は雇用主が労働者の権利を侵害しないよう、雇用主を規制する法律です。規制のよしあしではなく、それが誰を規制し、誰を守るのか、という労働教育がきちんとなされていれば、現在のような労働者と雇用主のパワーバランスが著しく崩れた世の中にはなっていなかったのかもしれません。

コロナ禍で女性・非正規・フリーランスの待遇悪化

　これまで述べたような状況の中で、非正規労働がどんどん拡大していきました。非正規労働者の実に7割は女性です。先ほど述べたように、女性なら、男性の扶養に入れるので不安定で経済的自立が難しい働き方でも問題ないと、男性の目を逸らすことで規制緩和が容易になりました。

　そして昨年、2020年を迎えた頃から、新型コロナウィルスが日本にも襲いかかります。大混乱の中、政府は感染拡大防止として緊急事態宣言を発令しますが、その結果、飲食店などの短期の非正規が支える対人的なサービスを中心に、多くの仕事が失われていくことになります。

　先ほども述べたように、非正規雇用の特徴は短期契約です。本当に仕事が短期ならやむを得ないとも言えますが、長期にある仕事を半年契約、1

年契約、3年契約といった形で名目的に短期化し、首を切りやすくしたものがほとんどです。本来、人が将来を見通して、安心して生活するためには、継続して仕事がある、収入が見込めるという状況が必要です。来年の雇用がどうなるか分からないという状況では、安心して働くことができません。そうした先の見えない仕事が、働く女性の過半数、働き手全体の4割近くになった社会で、そうした働き手が多い対人サービス業界をコロナ禍が襲ったわけです

　ここでは、休業手当なども、派遣やパートなどの非正規社員については申請しない雇用主が多く、いきなり仕事を打ち切られたり、休業を言い渡されたりしても、その後の生活を保障するセーフティネットはほとんどない、という働き手が相次ぐことになります。

　その結果、家賃を払えなくなって路上に出る人が女性も含めて続出するなど、貧困化が加速しています。

　一方で、政府はこの間、フリーランスという働き方も推奨してきました。フリーランスには、実際には社員とほぼ同様に会社の指令で働き、病気で休んだら何の保障もない働き手も少なくありませんが、形としては自営業扱いなので、企業は、働き手を支える義務から解放されます。こうした働き手も今回のコロナ禍で仕事をうち切られ、苦しんでいます。どんな契約形態であろうと、働き手のいのちと生活を守るという原点から多様なセーフティネットを再構築することが必要なのですが、働き方は多様化させても、多様なセーフティネットを提供することは怠ってきた政策の結果がこうした事態を生み出しました。

　コロナ禍で飲食店に行けない人が増え、自宅に料理などを運ぶ配達サービスの存在感が急速に高まっていますが、その代表例として「ウーバーイーツ」社があります。あれもフリーランス、自営業扱いです。オートバイや自転車で公道を走って届け物をするのですから、常に事故と背中合わせの仕事で、しかも一定の配達時間を求められるので、会社の指令下で働く労働者に近接した働き方ですが、自営業扱いなので、事故が起きても自己責任です。こうした批判が強まってきたことから、政府は2021年9月から

こうした働き方にも労災保険を提供することを決めました。ところが、保険料が雇用主負担の一般の会社員と異なり、自前で保険料を負担する「特別加入」方式です。

「労災保険を作りました」と喧伝してはいますが、その実態は従来の会社員に用意されていた労災保険とは異なります。そうであるにも関わらず、「労災保険が適用されるようになったから労働環境の改善に向けて前進したと」いうのは、錯覚を与えるものです。

俳優業のように、特定の会社の指揮命令で働くのではない働き方には、自営業的な仕組みが合理的であるという面もありますが、雇用側に多くの責任がある拘束度の高いウーバー型の働き方さえも、すべて自己責任とされてしまうことに問題があります。

このように、「女性は扶養されるから経済的に自立できない働き方でも問題ない」という、世間の思い込みを突破口に進められてきた雇用の規制緩和によって、現代の日本社会には経済的自立も生存権も度外視した、企業責任や政府責任もが希薄な働き方が蔓延しているのです。

ジョブ型雇用などで正規雇用も不安定に

何でも自己責任のフリーランスの問題と、万が一の際の補償がほとんどない非正規雇用の労働者、ここで女性の非正規社員の貧困化が拡大しているという実態をご紹介しましたが、安定していると思われがちな正社員はどうでしょう。

「ジョブ型雇用」というキーワードをご存じでしょうか。これは「ジョブ（職務）」に対して賃金を払う雇い方で、欧米ではこうした雇い方が主流だと言われています。働き手の性別も国籍も身分も関係なく、その働き手が果たしている仕事を評価する、という点で、本来は雇い主の偏見やえこひいきなしの公正な働かせ方というプラスの面がもありました。また、転勤や残業など引き受けなくても、やっている仕事で社員を評価することで、会社の命令にすべて従わなくても仕事をちゃんとしていればその対価を受け取れるという前向きの意味もありました。ところが、それが捻じ曲

げられて、今では、その仕事がなくなれば自由にクビにしていい働かせ方という、企業本位の意味に流用されるようになってしまいました。

こうした流用の中で、企業は労働者に対する職業訓練や雇用保障という企業が社会の一員として担ってきた責務を放棄し、社会が公教育などによって育てた働き手を、必要なときだけ都合よく使い、いらなくなったら捨てる、といった「ただ乗り雇用」に走り始めています。

また、アマゾンやIBMなどの外資系企業を中心に、いつも一定比率の社員をクビにし続けることで、長期雇用による人件費の上昇を抑えようとする「リシャッフル経営」も広がっています。仕事がなくなったから解雇するのではなく、仕事はあるのですが、働き手の入れ替えによってその交渉力を削ぐことが目的です。

共通するのは、正規・非正規関わりなく、人を単なる資材と見て、使い捨てることで利益を増やそうとする経営方法です。。

公務の世界も例外ではありません。私は、「官製ワーキングプア」という言葉を編み出しましたが、これは「お上が生み出した働いても貧困な人々」という意味です。これまでは安定していると思われてきた公務員の世界ですが、財政削減を理由に、いまやその4人に1人程度が短期雇用の非正規で、その4分の3は女性です。先ほど述べたような民営化や人材ビジネスの進出で、公的部門が企業にとってかわられる政策が進み、また、国の直接的な雇用であっても、ハローワークの就職相談員の大半は非正規雇用の労働者で、3年ごとに一斉に首を切られ、改めて再度受け直し、合格するかどうかは状況次第、という仕組みに変わっています。

一方、正規職員は公務員試験に合格していることを理由に、意思決定に関わる仕事とされ、「ジェネラリスト（なんでも屋）」を標榜して職場を移動していきます。このため専門性の高い第一線で市民と相対する仕事については疎く、この部分は短期雇用の非正規雇用の人たちで占められています。しかも、2020年度からは、それまで住民サービスの質を保つために常勤が原則だった公務職場で、1年有期を固定化し法制化する「会計年度任用職員」が導入されることになりました。コロナ禍で住民に対応するエッ

センシャルワーカーは大多数が、この会計年度任用職員で、先ほど述べたように、その４分の３が女性です。

かつて「女性の雇用が不安定でも自分たちには関係ない」と男性社員たちが考えたように、「非正規が増えても自分たちには関係ない」とする正社員は考えがちです。しかし、正規雇用の労働者が少数になっていくことは、彼ら自身の会社に対する交渉力も脆弱化させます。雇用側から「文句があるならば非正規で働け」「同じ仕事を非正規は半分の賃金でやっている」と言われたために、口をつぐんでしまう例は枚挙にいとまがありません。

今回のコロナ禍では、非正規雇用者が職を失うケースが圧倒的であったことは事実なのですが、こうした構図では、正規社員ももはやかつての「正社員なら安心」「正社員なら生活できる」とは限らなくなっているわけです。非正規社員であることが「普通」とされていくなかで、正規社員は一種の管理職のような存在になり、管理的な正規社員以外はみんな短期雇用のパートや契約社員、派遣労働者で生活不安にさらされている、という事態が登場しているのです。

そのような状況なので、消費は当然盛り上がりません。お金が働き手に回らなくなってしまったからです。では労働の結果として発生した富は、どこへ行ったのでしょうか。

人件費を削減した結果、特に大手企業は沢山の利益を上げることに成功しました。労働力の非正規化が進んだことで、企業が上げた利潤は海外への投資などに回され、税金として循環する度合も減りました。税収が減少してしまえば社会保障によるセーフティネットもほころびが出てきます。

規制緩和で野放図に非正規化を進めたことで、日本を支えている人たちに労働に見合った、生活を支えられる報酬が支払われなくなった。これが現代の日本における労働問題の根源であると考えています。

国政で問われるべき争点 —多様な働き手支える生活保障を

総選挙が近づいてきました。私は働く人を守る様々な仕組みを、もう一

度作り直すことができるかどうかということに注目しています。

　政府は「同一労働・同一賃金」と掲げましたが、内容は伴っていませんでした。今回のコロナ禍で様々な問題が噴出していますが、日本の労働者を守るため、国民を守るためのセーフティーネットはボロボロです。起業の最前線を支える基幹的労働者はほとんどが非正規雇用になっていて、彼らには労働に見合った正当な報酬が支払われていません。

　雇用と新自由主義の根本問題は、とにかく「自力で働いて何とかしろ」という政府の政策の在り方だと思います。「月給」ではなく時給や出来高制、貯蓄もできない低賃金という「溜め」をつくれない労働条件を強めてきた結果、現在、コロナ禍で「働く」ことができない事態になったとたん、セーフティーネットが全くなく、基本的な生活さえできなくなる、という事態が起きたのです。

　その方向転換を図る政策はまったくなく、とりあえず、非正規でも休業給付金を出します、といった形のパッチワークでしのいでいるにすぎません。一例を挙げるならば、定額給付金が世帯主にしか届かないため、女性や若者に届きにくかったことがあります。このように、生活者の実情と政策が噛み合っていません。

　非正規労働者の方々にもきちんと休業手当が支払われるようにするなど、生活者のためのセーフティーネットがきちんと機能するようにする。国民がまともな生活を営めるように、支払われる報酬に対しては雇用主に規制を設ける。そういった規制や制度、公的な補償などの再設計が望まれているのだと強く感じています。

　正社員だから、非正規だから、「雇用」だから、「非雇用」だからと区別することなく、またコロナ禍で場当たり的に給付金などを配布して終わりではなくて、国民全てが安心して暮らせるような休業給付金、失業給付金の拡充を図れる制度の再設計が必要なのです。

　仕事を短期間で区切って、短期契約の非正規労働者を次々と生み出すのではなく、労働実態に合わせて長期の仕事は無期扱いとするなど、安定雇用を生み出すように労働に関わる法律を改善していく。

最低賃金の問題もあります。生活に必要な住宅や教育すらも自己責任で、最低賃金は1000円でも成り立たないのです。住宅と教育が公的に保障されていることと併せて最低賃金が1500円になれば、フルタイムで働くことで何とか生活できるというのが現在の日本の状況だと考えます。

　住宅や教育の無償化という「現物給付」の保障と最低賃金の底上げをセットで設計し直す。等々、どれか一つの課題・制度を切り取って取り上げるのではなく、これらは全て繋がっている問題として包括的な解決策が必要なのです。

　その際に大切なことは、世帯主にカネを集める従来のやり方ではなく、一人ひとりの生活がきちんと保障されるよう、「個人」に収入や社会保障がきちんと届くような総合的な再設計が不可欠です。

　昭和の古き良き仕組みとしてく懐かしまれていたりする「日本型経営」ですが、これは父親一人が企業で働いて、介護や子育て・家事労働などは全て女性が負っていました。それらは女性や若者の経済的自立を度外視したもので、その結果、女性や若者を突破口にした雇用の劣化を許してしまいました。

　これらを改善するために、例えば最近よく耳にする「ジェンダー平等」などの課題について、単に「女性が活躍」することだけでなく、性差や正規・非正規といった区別なく、個人単位での生活が保障されるシステムの再構築へ向けたものとして争点にすることが望まれます。

　先頃の東京都議選では、コロナ禍における生活困窮という基本的な問題に対して、オリンピックという国策を優先した政権に対する批判票が結果を出しました。次の総選挙でも、国民の暮らしをどのように安定させる政策を打ち出せるのか、それはどの政党なのかということが重要な争点になることは間違いありませんが、ここでは、ジェンダー平等を基本に、性差や雇用形態にかかわりなく個人の経済的自立と子育てなどの生活の補償を軸として、「人が食べられる働き方」の立て直しという点から、政策を見直すことの必要性を改めて確認すべきです。

（編集部によるインタビューを再構成）

第5章
教育の未来を考える―学問の自由・憲法・権力―

現代教育行政研究会代表　前川　喜平

加計学園問題での「勇気のある発言」の真相

　私は「勇気ある告発者である」かのように言われて困っています。実は３年前に雑誌「文藝春秋」でインタビューを受け、加計問題で知っていることを全部話して記事になりました。一問一答のようなインタビュー記事になると思っていたところ、刷り上がったゲラを見ると、私が書いたかのようになっていました。前川喜平の記という体裁になっており、しかもそのタイトルが言ってもいない言葉ばかりで、「我が告発は官僚の矜持だ」とありました。私は告発という言葉も使っていないし、矜持という言葉も使っていません。これはおかしいと異を唱えましたが、「こういうものなのです」と言われました。仕方なく、そのままその記事が出てしまい、そのあたりから私が「勇気ある告発者」であるかのように思われたようです。

　加計学園問題について発言したのは辞めた後です。在職中は借りてきた猫のように仕事をしておりましたから、政権に従順な役人だと思われていたはずです。安全地帯に逃げてから、やいのやいのと言ったわけですので、全く勇気がない人間です。むしろ勇気があるのは、文部科学省のなかで今もまだ仕事をしている現職の職員、自分の判断で加計学園関連の文書を国民に知らせるためメディアなどに提供した職員、おそらく課長補佐とか係長とかいうレベルの若い職員３人か４人。私とは繋がっていません。それぞれ独立に判断して行動したと思います。今も役所にいるわけですから、犯人捜しをされて「お前が犯人だ」と言われて飛ばされるという危険を冒して国民のために情報を提供した、彼らこそ本当に勇気があると思っています。

学術会議会員任命拒否問題について

　日本学術会議の会員の任命拒否という問題は、2つの意味であきらかに憲法の学問の自由に対する侵害だと考えています。

　1つは学術会議という組織に対する侵害行為。日本学術会議というのは日本学術会議法という法律で高度の独立性、自律性が保障されている国家機関です。職務は独立して行うということがはっきり書いてありますし、なかでも会員の人事については高い独立性が保障されていて、学術会議自身が会員を選考します。そして内閣総理大臣に推薦する。その推薦というのは、拘束力が極めて高く、推薦した通りに任命して下さいという話になっているわけです。そこでは「推薦に基づいて」という法律が使われています。「基づいて」というのは、その通りにという意味です。

　これは憲法6条にもあります。国会の指名に基づいて天皇が内閣総理大臣を任命するとあります。この「基づいて」というのは「指名したとおりに」ということで、これは国会の指名した通りにという意味です。あるいは、国立大学の学長についての任命も文言上は文部科学大臣の権限ですが、これも「国立大学法人の申し出に基づいて」となっています。法律用語として明らかですから、総理大臣には拒否権はありません。にもかかわらず、6名の任命を拒否した、これは日本学術会議法で保障されている日本学術会議という組織の独立性を毀損したことになります。

　日本学術会議の独立性は何のための独立性かというと、学問の自由を保障するための独立性です。いわば学問の自由を守る砦になっているのが日本学術会議法です。この日本学術会議という組織のなかでは、学者たちが学問の自由に基づいて自由な議論をする、その学問の自由に基づく自由な議論が保障されなければならない。その自由な議論のなかから得られた建議が政府に対しても経済界に対しても科学者の意見として出ていくわけで、科学に基づく政治、科学に基づく経済社会といったものを実現するという意味で非常に大切な機関です。

　「学者の国会」と言われていますが、学術会議は国家機関であるということに非常に意味があると思っています。その学術会議の独立性を侵害し

た、それは組織の独立性が守ってきた学問の自由を侵害したことに他ならないということです。

　侵害のもう1つの意味は任命拒否された6人に対する攻撃です。1つ目は組織に対する攻撃ですが、2つ目は人に対する攻撃。会員への任命を拒否するという、ある種の不利益な取り扱いをしたわけです。その理由は何なのか。本当の理由が言えないから、理由にならない理由ばかり並び立てている。本当の理由は、この6人の方が、政府への批判をしたと、それにつきるだろうと思います。

　似た例を私自身が文部科学事務次官だった時に経験したことがあります。2016年8月のことです。

　文化功労者や文化勲章受賞者を選ぶ「文化功労者選考分科会」という審議会の委員の名簿を持って官邸の杉田和博官房副長官のところに行きました。この人事は閣議で了解を得なければならない人事なので、文部科学省限りではできないため、官邸に持っていったわけです。それまで官邸で拒否されたことはなかったのですが、この時、2人の委員の差し替えを求められました。官邸に持っていったリストは文部科学省の大臣の了解を得ていることですが、これをひっくり返すのは官房長官しかできません。ですから、官房長官まで上がっていることは間違いなかった。差し替えを求められた一人は安保法に反対する学者でした。もう一人は文化人で、雑誌などで政権を批判する発言をしていた。「こういう人物を入れるな」と、杉田さんから言われました。

　文部科学省では委員の選任にあたって政権批判をしているかどうかなどはチェックする必要がありません。文化功労者や文化勲章にふさわしい人は誰かという学術や文化の世界に通じている人を選任するだけであり、政治的にどういう意見を持っているかということは関係ないのです。

　学術会議の件も同じプロセスを経たのだろうと思いました。しかし、政府の「文化功労者選考分科会」という審議会の方は、実質的な任命権は政府側にありますから、官邸による任命拒否も法的には認められる、違法ではないと言えるのですが、学術会議の会員の任命拒否は違法です。

この6人の方々の学問的自由、学問的良心に基づく言動に対して不利益な処遇をするわけですから、この6人の方々の学問の自由、言論の自由に対する侵害だと考えていいでしょう。他の科学者たちに対しても、政府を批判すると不利益を被るぞと、威嚇効果があるわけです。

　現実に「反日的な研究には科学研究費を出す気はない」などということをおおっぴらに言う政治家は沢山います。何をもって反日的というのか私には良くわかりません。歴史を直視すると反日的と言われたりしますが、研究者の学問の自由というものが奪われていくきっかけになるのではないか、心配です。

　まとめますと、この日本学術会議の問題は、政権による学術会議という組織に対する攻撃という意味と、6人の学者さんたち個人に対する攻撃というこの2つの意味において「学問の自由に対する重大な侵害」だということです。

憲法遵守義務を怠る閣僚たち

　そもそも前総理大臣・安倍晋三さんも菅義偉総理大臣にしても、憲法を守るという気がまるでないというところに問題があると思っています。ずっと憲法をないがしろにしてきた、そういう政権だと思うのです。

　安倍さんは憲法改正論者ですが、最初は変えられたらどこを変えてもいいという感じで、96条の改正を唱えたこともありましたが、辞任前は9条の第1項・第2項はそのままにして自衛隊の存在の根拠となる9条の2という条文を付け加えるという改正案を主張していました。現在の戦争放棄・戦力不保持の条文はそのままにするという案です。一見すると現在の9条には手を付けないように見えますが、9条の2の冒頭で「前条の規定は、我が国の平和と独立を守り、国及び国民の安全を保つために必要な措置をとることを妨げず」という条文が書かれています。「前条の規定は……妨げず」という文言を入れた途端に現在の9条が無力化されてしまうわけですから。形の上では付け加える条文だけれども、実は9条の中身を否定してしまう条文になってしまうのです。

憲法9条もそういう形で自衛隊を明記する、しかし、そこで言う自衛隊は集団的自衛権を行使する自衛隊になるわけで、これは非常に危険なことです。今はまだ安保法制というのは法律で、私は違憲立法だと思いますが、違憲立法は立法によってまた無くすことができますけれども、集団的自衛権の行使を認める憲法改正をしてしまったら、もう一度憲法を改正しなおさないと集団的自衛もなくすことができなくなってしまいます。この9条の2追加ということは非常に危ないものだと思っております。

　そのほかに、「緊急事態条項」も危ない。「緊急事態条項」というのは元々第一次世界大戦後、1920年にできたドイツのワイマール憲法下にあってこれを乱用したのがヒトラーです。緊急事態宣言というのは独裁政権を生んでしまう危険性を非常に持っている条項です。

　それからもう1つの「合区解消」というのはナンセンスの極みです。要するに人口比の関係で一票の格差を是正するために島根県と鳥取県、高知県と徳島県が参議院で1つの選挙区になっていますが、これでは県民の気持が収まらないから小さな県でもひとつの県から1人の参議院委員が出せる様に憲法改正するというものです。

　合区を解消することによって、議席がなくなった国会議員のためにやっているのではないかというような話です。合区のために一票の格差を認めるという話で、これはとんでもないことです。むしろ合区を増やしてでも国会議員の数を減らすべきだと思います。

　4番目は実はあまり知られていない自民党案の4項目と言われている憲法26条改正案、「教育を受ける権利」です。

　「教育を受ける権利」第1項・第2項をそのままにして第3項を付け加えるという。これも付け加えるだけに見えるのですが、この自民党の中でまとめられた「第3項追加案」というのは、非常に長い文章になっていて、一見すると「国が教育の環境整備をしなさい」と書いているので、いいことが書いてあるように思います。しかし一か所非常に問題がある部分がある。「教育が……国の未来を切り拓く上で極めて重要な役割を担うものであることに鑑み」という言葉が出てきます。「国」という言葉を使ってい

ることが問題です。教育は国のためにあるのか、人のためにあるのかという話です。

　本来、憲法26条は人権として、学ぶ権利、教育を受ける権利というものを保障するという条文なのですが、そのために学校を作ったり、教職員を配置したり、教材を作ったりという努力をしなければなりません。それは人権を保障するためです。ところがその人権保障の条文の後に、「国の未来を切り拓くための教育」という考え方が紛れ込んでくるわけです。

　政策レベルではそういう考え方があってもいいと思いますが、憲法の人権保障の規定の中にそれを入れるというのは危ないことだと思います。「教育は人権なんだ」という考え方ではなくて、「国のために教育があるのだ」という考え方にシフトしてしまう危険性を持っています。この憲法26条第3項追加というのは、実は本当は危ない部分があるということです。

　安倍政権と菅政権は、憲法をないがしろにしてきたと言っていいと思います。安倍さんは正面から憲法を変えるんだと言いつつ、その集団的自衛権については本来憲法改正しなければできないことを解釈改憲してまで行ったわけです。2014年に閣議決定という形の解釈改憲をしました。

　その見解を出す法制局長官の首をすげ替えて、無理矢理それまでの法制局の見解と違う見解を出させたうえで、集団的自衛権が憲法上認められるという閣議決定をした。閣議決定で憲法改正はできないわけですが、事実上閣議決定で、憲法改正したようなもの。国民の見えるところでやった、つまり正面からやったのです。あの閣議決定は憲法違反で無効です。

　ただ、安倍さんはそういう憲法の改変を正面から目に見える形でやっていた。菅さんについて怖いなと思うのは、そういった正面では何もせずに、見えない形で、裏側から憲法を破壊していく人なのではないかと危惧しています。気が付いたら憲法が骨抜きになっていると。こういうことが起こっているのではないかと。安倍さんがまだましだったのは見えるところでやっていたということでしょうか。

教育行政と憲法

　私は 38 年間、文部科学省で教育行政をやっていましたが、その間ずっと念頭に置いていたのは、日本国憲法です。もちろん国家公務員にせよ、地方公務員にせよ、公務員になるにあたっては憲法に基づいて仕事をしますということを誓います。これは憲法 99 条に基づくものです。

　憲法 99 条は天皇から始まっています。「天皇又は摂政及び国務大臣、国会議員、裁判官、その他の公務員は、この憲法を尊重し擁護する義務を負ふ」と書いてある。国の権力行使に関わる者はすべてこの憲法を重んじ、常にこれを守る義務がある。これは、国民が憲法を作って国がそれを守る、国は国民が作った憲法に縛られるという「立憲主義」を表しています。教育行政も公教育も立憲主義に基づいて、憲法の枠内で憲法を守って行われなければならないということです。特に、教育行政は人間に関わる行政です。あくまでも、一人ひとりの人間が大切な存在であるという「個人の尊厳」を重んじる必要があります。また、教育行政は思想・良心の自由、信教の自由、表現の自由、学問の自由といった精神的自由に深く関わる行政です。私は文部科学省で教育行政の仕事を行う中で、常に精神的自由の尊重ということを念頭に置いていました。

　日本国憲法は非常に人類史的な価値が高い憲法だと思っております。20 世紀の人類が獲得した最高の憲法の一つではないかと思います。1946 年に公布され、第二次世界大戦という人類が総験した最大の害悪、大惨事の後に二度とそれを繰り返すまいとこういう決意の元で作られているものです。

　その後もいろいろな国で新しい憲法ができているので、私は日本国憲法よりさらに進んだ意法を持っている国もあると思っています。実は南アフリカの憲法は 20 世紀中にできた最後の憲法ですが、非常に優れていると思っています。

　現職の文部科学省の役人だった時に、ユネスコなどの国際会議に行くことがあり、ある会議で会食をしている際に隣にインドの教育大臣、南アフリカのインド系の教育大臣が座っていて話をしました。日本の憲法のこと

を良く知っているので、「なぜそんなに日本国憲法のことを知っているのか？」と尋ねたら、その方は弁護士でしかも南アフリカ共和国の現在の憲法を作った時の憲法起草委員会の委員だったとのことです。その憲法起草委員会は最初に世界中の国の憲法を集めて比較検討して、良いものを全部取り入れていったそうです。

　今の南アフリカの憲法には、LGBT に対する差別禁止という条項まで入っています。日本はまだ世の中には男性と女性しかいないという前提で男女平等と言いますが、南アフリカの憲法は「性的指向で差別するな」と書いてあるのです。

　憲法というのは国民から国民へと引き継がれながら、人類の中でどんどんと進化していく、発展していくものです。「日本国憲法は日本人の憲法ではない」という人がいますが、元々人類が作ってきたものが集約されているわけで、日本人だけに当てはまることではなくて、全ての人類に当てはまることが書いてあるわけです。そのことが日本国憲法の文言の中にもいろいろ現れています。

　日本国憲法のなかで「人類」という言葉が２回でてきます。「普遍的」という言葉も出てきます。まず前文のところですね。「そもそも国政は国民の厳粛な信託によるものであってその権威は国民に由来し、その権力は国民の代表者が行使し、その福利は国民がこれを享受する。これは人類普遍の原理であって、この憲法はかかる原理に基づくものである」と書いてある。「人類普遍の原理に基づいていますよ」ということ。逆に言えば、その前の明治憲法というのは全く普遍性のない万世一系の天皇がいて、その天皇が全ての統治権を持っているのだという、もう日本だけにしかないような考え方でした。

　日本国意法というのは人類普遍の原理に基づいています。その権威は国民に由来し、その権力は国民の代表者が行使し、その福利は国民がこれを享受する、これは「人民の人民による人民のための政治」というリンカーンの言葉とほぼ同じことを言っています。そういう意味では、アメリカの民主主義から学んでいると言って良いと思います。

憲法研究会という民間の研究者たちの作った草案があって、それが日本国憲法下敷きになっています。その民間の憲法研究会がさらに下敷きにしたのには、例えば自由民権運動の植木枝盛の憲法案などが参考にされています。日本にも自由民権運動以来の民主主義の歴史があったわけです。

　憲法9条は最近の研究から戦争放棄、戦力不保持という条文を新憲法に盛り込もうと最初に言い出したのは、当時の内閣総理大臣だった幣原喜重郎だということが分かっています。これは幣原喜重郎から元秘書の平野三郎という人が聞き書きした文章にも出てくるし、マッカーサーの回想録にもあります。

　もう1つ、社会権規定です。25条の生存権の規定とか26条の教育を受ける権利、こういう規定は、マッカーサー草案にはなかった。衆議院の憲法改正小委員会で議論するなかで、森戸辰男や鈴木義男という学者議員が、ワイマール憲法のなかに初めて規定された生存権というものを日本国憲法にも書き入れようということで、25条「健康で文化的な最低限度の生活を営む権利」という人権として、生存権というものを書き入れた。これは画期的なことだったと思います。

　日本国憲法は20世紀半ばにおける民主主義の最高の姿を現しています。そこで一番大事にした価値観は何かというと、一人ひとりの人間が何よりもかけがいのない大事な存在だということ。これは憲法でいうと13条、「すべて国民は個人として尊重される」という言葉に表されていますが、その後、生命、自由、幸福追求に対する権利という包括的な人権を表す言葉が出てきます。つまり、個人の尊厳というものと、一人ひとりの幸福、その幸福を追求する権利、これこそが大事なんだという、そこに根本的な価値を置いて作られた秩序が日本国憲法の秩序だと思います。個人の尊厳を根本の価値としていることからくるのが、基本的人権の尊重、平和主義、国民主権という憲法の3つの大事な原理だと言えます。

憲法に国民の義務は必要か

　小学校の教科書には、「憲法の三大原理」とともに、もう一つ「国民の

三大義務」なんていうものが書いてあるのですが、私は憲法にはそもそも国民の義務は書く必要はないと思っています。明治憲法は天皇が国民に与えた憲法だということなので、天皇の命令に従い、あなたたちはこれをちゃんとやれ、それが兵役と納税と教育でした。

　日本国恵法で兵役はなくなったので、その代わり勤労と納税と教育が日本国意法における国民の義務だと良くも悪くも小学校の教科書に書いてあるわけです。確かにそういう規定はあります。しかし、それを大事な義務だと言って子どもたちに植え付ける必要があるかといったら、私はそこに疑問を感じているわけです。

　「教育の義務」というのは、保護者が子どもを学校に行かせるという、保護者が子どもに施す義務であって、それはなぜかと言えば、子どもたちが教育を受ける権利を持っているからです。特に義務教育は、誰もが真っ当な人間になるために最低限必要な教育、これを普通教育と言っているわけですが、無償の普通教育というのは、教育を受ける権利の中でも中核になる誰もが必ず保障されなければならない権利です。これは国民の義務であると言っても保護者の義務です。私は憲法に書かなくてもいいと思います。教育基本法以下の法律で書けば良いことであって、本当に実現しなければならないのは、子どもたちの無償普通教育を受ける権利の方です。しかも、その無償普通教育を受ける権利というものを国が保障しなければいけない、本当は国が義務を負っているわけです。保護者ではなくて国です。その義務をちゃんと国が果たしているかというと、果たしていないわけです。無償の普通教育を受けられなかった人が実は沢山いるわけです。

　2010年の国勢調査で小学校を卒業していない人が12万8千人いるということが分かっています。2020年の国勢調査では学歴欄が中学校を卒業していない人の数も正確に分かるように改善されたので、日本のなかで義務教育を終了していない人が何人いるか正確に分かると思います。おそらく20〜30万人はいると思います。

　1980年代の後半以降、中学校の卒業証書を持っていない人はほとんどいません。いろいろな事情で学校に来られなかった人も、15歳の春には

在籍している中学校から卒業書証を渡すということが一般化し、学校には来ていなかった人でも卒業証書は持っているというケースがほとんどです。ですから、卒業証書がないという人は、40代以下の若い人にはほとんどいません。

実は学校には行けなかった、しかし卒業証書だけはもらっているという人たちのことを「形式卒業者」といいます。毎年毎年生まれています。中学校3年生で不登校の子どもが4万人以上いるわけです。その4万人以上の子どもたちが不登校のまま卒業証書を持っている。そういう実質的に無償普通教育が保障されていない人たちが中には沢山いるわけです。ですから、憲法26条第2項の義務教育というのは保護者の義務として書くのではなくて、国の責務として書き直した方が良いというのが私の憲法改正案です。

私の憲法改正案は26条第2項を書き直した方が良いということです。「全て国民が義務を負う」という書き方になっていますが、「国が義務を負う」という書き方にすべきです。主語が国になり、国が義務を負うと。「国は、法律の定めるところにより、全ての人に無償で普通教育を受ける機会を保障する責務を負う」と書き直した方が良いのではないかと思っています。

そうすると「義務教育」ではなく、「無償普通教育」という言葉を使うべきだということになります。「無償普通教育」というのは全ての人の権利という考えです。それを保障することが国の義務なのだという書き方が良いと考えます。

さらに、「全ての国民」ではなくて日本国籍のあるなしは関係ない、「日本で生きている全ての人」にこの権利を保障するということが大事です。夜間中学で学ぶ生徒は、8割が日本国籍を持たない人です。一番多いのは中国人で2番目が日本人です。3番目はネパール人です。それからフィリピン人・在日コリアン人の人たちが多いです。

憲法の価値の根本は「個人の尊厳」にあり、そこから基本的人権の尊重、平和主義、国民主権という「三大原則」と言われるものが導き出されます。学校で憲法について教える場合にも、義務の方を強調するのではなくて人

権や平和という憲法の原則をちゃんと踏まえることが大事だと思います。

　もう1つは27条の「勤労の義務」です。「すべて国民は、勤労の権利を有し、義務を負ふ」と書いてあるわけです。ただ勤労の義務を負うというのは本当に法的な意味で働くことが国民の義務なのだ、と言っているわけではない。もし法的な意味があるならば、働かないことは憲法違反になるのだということになります。働かないでブラブラしている人間は憲法違反だということになります。そうすると国民総勤労法などという法律を作って、働かずにブラブラしている人間を捕まえて働かせることが憲法上可能だということになりかねません。憲法27条で言っている勤労の義務というのはそういう法的な意味での具体的な意味を指していない、つまりこれは道徳的な意味しか持っていないと思います。働けるのならば働いた方が良いのでは、という程度の話です。これも国民の義務だと言うにはちょっと憚られるなと思います。

　30条に「納税の義務」がありますが「納税の義務」よりも大事なのは憲法84条に書いてある「租税法律主義」の方が大事だと思います。自分たちの代表が法律で決めた税金だから払う義務が出てくるということであって、自分たちが決めていない、自分たちが関与していないのにお上が決めたら必ず払えというそういうものではない。「納税の義務」というのはあたかも国家が国民に課す義務だというように見えますが、その国家が課すとおっても国家は国民の代表者である国会が法律で決めるということであって、自分たちの代表者が決めたことでなければ、払ういわれはないのだという話です。よって、「租税法律主義」の方が「納税の義務」よりも税金に関しては大事な憲法原則だと思います。

教育と憲法について

　教育と意法の関係は、まず1947年に制定された教育基本法前文の最初のパラグラフです。これは憲法と教育の関係を非常にはっきりと宣言して

います。どういう風に書いてあったかというと（「書いてあった」と過去形で言わなければならないのが残念。2006年に全面改正。前文のインパクトのある部分が削除された）、「われらはさきに日本国憲法を策定し、民主的で文化的な国家を建設して世界の平和と人類の福祉に貢献しようとする決意を示した。この理想の実現は、根本において教育の力にまつべきものである」

　日本国憲法が打ち出した価値観、平和や人権、民主主義というものは、教育の力で実現しなければならない。教育はその実現のための一番大事な条件になるのだとこういうことが書かれています。

　教育は根本において教育の力にまつべきものである。逆に言うと教育というのは両刃の剣のようで、教育をどんどんねじ曲げて歪めてしまうと、とんでもないことが起きる、全ての子どもたちが国のために死ぬことが道徳だと信じ込んでしまうと、こういうことが戦時中の教育では行われたわけですから、そういう教育に戻ってはいけないという反省が込められていると思います。

　今の教育は、非常に望ましくない改正が行われた2006年の教育基本法の改正後のものです。しかしかろうじて大事な考え方は残っている、例えば「日本国事法の精神に則ってこの法律を制定する」「個人の尊厳を重んじる」「学問の自由を尊重する」という言葉です。さらに「教育は不当な支配にすることなく行われなければならない」。これらは非常に大事な概念を表す柱になる言葉です。憲法と合わせて読めばまだ使えるとも思っています。

日本の近代教育・150年を振り返って

　教育の未来を考える上では、今までの日本の教育はどうだったのかということを踏まえて考える必要があると思うので、ざっと150年を振り返ってみます。

　この150年にわたる日本の近代教育、もちろん1945年8月15日を境にして日本の国の根本原理は変わりました。憲法学説上は8月革命説と言いますが、実際には革命は起こってない、しかし、国の根本原理を変えると

いうことは革命しかできないことなので、ポツダム宣言という外から与えられた革命があって、そこで根本的な原理が変わった。天皇主権から国民主権に変わった。そこで大事なのは国ではなくて、人が大事だ、一人ひとりの人間がかけがいのない存在なのだというところから出発する、そういう風に原理は変わりました。

戦時中はどうだったのか。それは旧憲法下ではこの国は天皇のものだというところから始まっていますから、教育も国のものでした。

明治政府が学校制度を打ち立てようとしたのが 1872（明治5）年の学制発布ですが、その中で「学問は身を立つるの財本」としています。一人ひとりが身を立てていく、つまり仕事をして生活を成り立たせていく、その上で元手になるものが学問だぞと。財本というのは元手です。学問は身を立てる財本と、そういう言い方をしました。国のために学べとは言っていないです。自分のために学べと言っているのです。ちょうど同じ年に福沢諭吉も「学問のススメ」を書いていて、天は人の上に人を作らないけれども、学問をすることによって人間の価値が変わっていくような、一人ひとりの人間に着目した言い方をしているわけです。

学校制度に見られる国家のための教育

明治政府は近代国家の形式を整えていく過程において 1885（明治18）年、憲法の発布に先立って内閣制度を作りました。初代内閣総理大臣は伊藤博文で、初代文部大臣は森有礼です。森有礼が翌年 1886（明治19）年に、日本の学校制度を整えていく。小学校令、中学校令、師範学校令、帝国大学令といった諸々の学校令を矢継ぎ早に発布しました。

森有礼が礎を築いた学校制度の全体を通じた思想は非常にはっきりしていて、「教育は国家のためにある」という考え方です。一人ひとりの人間のためにあるのではないのだと。小学校から大学まで国家のための教育、国家の目的は何かというと富国強兵が目的です。国を富ませて軍隊を強くする、そういう富国強兵という国家目的のために教育はあるのだという考え方です。義務教育というのも、お国のためにお前ら学ぶ義務があるのだ

という考え方です。今でも、就学義務に対して就学免除という言葉があります。非常に重い障害がある子ども、病気でずっと病院にいなければならない子どもの場合に、その保護者に対して就学免除ということです。保護者の就学義務を免除したからといって子どもの教育を受ける権利はなくならないのですが。

　思想としては徴兵免除と同じ考え方です。お国のために役に立つ役に立たない、突撃といってもできない人間はもう役に立たないと、これが徴兵免除でした。私は就学免除という言葉は教育六法からなくしたいと思っているのですけれども、残っています。元々国家のために教育があるという森有礼の考え方の延長線上にあるわけです。

軍隊をモデルにした学校教育

　森有礼は、そういう国家のための教育という制度の礎を築いたわけです。この頃、学校は軍隊からさまざまな制度を移入しました。今でも男子中学生・高校生が着ている詰め襟の学生服、これは当時の陸軍の軍服そのものです。セーラー服は海軍の水兵さんの格好です。

　一番軍隊で行われていたことを取り入れたのは体育です。「兵式体操」と呼ばれました。学校の体育では「前へならえ！　右へならえ！　回れ右！」の掛け声で整列します。運動会になると入場行進で、「ぜんたい前へ進め」などという号令を先生が掛けます。「ぜんたい」の「たい」の字は「身体」の「体」ではなく、「兵隊」の「隊」です。教師が子どもたちを兵隊扱いしているということです。そこに上官と兵隊の間の権力関係の様なものが学校の教師と生徒の間に生じている。私は無意識のうちに教師たちが持っている権力者としての意識は非常に危ないものだと思っています。それが体罰とか、パワハラとかセクハラとかになっていると思います。あくまでも子どもたちは学ぶ権利の主体なんだという意識が乏しい。明治以来の権力関係というものがずっと残っている。それだけ学校は国家のためにあるという意識も残っているわけです。

逆コースの風潮と道徳教育

　戦後民主主義の教育というのは、「大正新教育」の再来という要素も含めて、「昭和新教育」と言っても良いのではないかと思っています。しかし昭和 30 年代に入ると、逆コースと言われる戦前に戻って行くような後ろ向きの風潮が出てきました。例えば「教育委員会制度」というのは、最初に日本に導入したときは、それぞれの地域で教育委員を選挙で選ぶという仕組みでした。それが 1956（昭和 31）年に地方教育行政法という法律に改正されて、首長が任命するという任命制に変えて、都道府県教育長は文部大臣が承認しなければならないという教育長任命承認制という制度まで導入して、中央集権的な性格に戻しました。

　教育課程やカリキュラムについても、1947 年から学習指導要領を作っていましたが、これは単に教師のための手引き書でした。それを 1958（昭和 33）年以降は告示という形にして、そのとおりに授業をしなければならないという拘束力を持たせました。そして同じ年に、道徳を教える時間を作ったわけです。ただ、まだ教科ではありませんでした。教科になったのは、第二次安倍政権の 2018 年からです。

　この道徳という時間を導入したのは、岸内閣の時です。これは教育に限らず日本の政治経済社会全体で民主主義が後退する、戦前に戻るという時期があったということです。これを逆コースと呼んだわけです。この逆コースのなかでその後何が起きたかというと、経済復興と経済成長です。朝鮮戦争というのはいろいろな意味で日本の社会を変えてしまい、民主主義よりも反共の方が大事だ、共産主義に対する防波堤になることが大事だとアメリカの占領政策も変わっていきます。その一方で、朝鮮戦争は朝鮮特需という形で日本の高度成長に物凄く弾みをつけ、戦後復興から高度成長に変わる、そういう時期が 1950 年代から 1970 年代でした。

　この時期、国家目標として教育を活用していくという方向に変わっていきます。その国家目標とは何かというと、明治の頃の国家目標は富国強兵でしたが、高度成長期の国家目標は国を富ませていくという、経済成長の

ために役に立つ人間をどんどん作っていく、これは画一的、均質的な労働力を育てることが大量生産で経済成長するのに、ぴったりの教育でした。ただ、70年代には高度成長に陰りが出て、経済成長という国家目標に位置する教育に対する反省が出てきました。

ゆとり教育 —子どもたちの主体性に着目

80年代になると、文部省は「ゆとり」ということを言い始めました。今になって「ゆとり世代」はダメ人間みたいな、そういう間違った社会常識があるようですが、私は文科省のなかでも「ゆとり教育派」です。ゆとり教育を否定したことでいろいろ問題が起きているというのが私の考え方です。

1980年代から2000年代にかけて「ゆとり」は良い言葉として使われていました。その時期は主に平成の前半時代なので、私はこの「ゆとり教育」を「平成新教育」と言って良いのではと思っています。この時代は国家ではなくて個人のために一人ひとりの子どもたちが大事、子どもたちの主体性というものに着目する時代でした。一つの大きな出来事は、臨時教育審議会（臨教審）ができたことです。

臨時教育審議会による個性重視の原則

臨時教育審議会は、1984年から1987年の3年の時限立法で設けられた総理大臣直属の審議機関でした。作ったのは当時の総理大臣、中曽根康弘さん。中曽根さん自身はどういう思想の持ち主かというと、個人より国家が大事だという考え方の人です。国家主義者と言っていいと思います。中曽根さんが書いたいろいろな回顧録を読むと、「臨教審は失敗だった」と書いてあります。中曽根さんが思った方向にいかなかったからです。中曽根さんは個人よりも国家が大事だという方向を打ち出したうえで、教育基本法は個人の尊厳ばかり書いてあるから、個人ではなく国家が大事だと書き換えようと、教育基本法の改正を目論んでいました。教育基本法を改正してそれから憲法改正をとそういうステップを踏むことを考えていたわけ

です。

　ところが臨時教育審議会というのは、中曽根さんと思想を同じくする人ばかりではなかった。違う立場の違う意見の人が出て来て、侃々諤々の議論をしたわけです。その結果、中曽根さんが考えているような国家主義の方向にいかなかったのです。

　どういう理念を打ち出したかというと、一つは個性重視の原則で、その個性重視の原則の一番根本にあるのは個人の尊厳、そして個性の尊重、自由・自律、自己責任という言葉で表されるものでした。個人の尊厳というのはまさに日本国憲法の根本原理ですから、日本国憲法や教育基本法の理念を再確認したと言って良いと思います。

権力者による公務員の私兵化

　現在の政府は憲法を蔑ろにし、三権分立や法治主義などの原則も危なくなっています。憲法15条第2項で公務員は全体の奉仕者であって一部の奉仕者ではないとあります。ところが今では官僚が政権を握った安倍さんや菅さんとそのお友だちという一部の奉仕者になってしまっています。

　例えば警察や検察も、本当に悪い人を捕まえないわけです。伊藤詩織さんに性的暴行を加えた山口敬之という人に逮捕令状が出ていたのになぜ逮捕されなかったのか？　捜査令状を執行するなと命じた警察官僚がいたわけです。その逮捕をするなと言った警察官僚は、当時警視庁の刑事部長で、前職は菅官房長官の秘書官だった中村格氏です。この人は今警察庁の次長、ナンバー2です。次の警察庁の幹部人事では長官になるだろうと言われています。山口氏は起訴もされませんでした。その際には、おそらく当時法務省の官房長だった黒川弘務氏が官邸と検察庁の間に入って調整を行ったのだろうと思われます。

　この山口氏は安倍さんのお友だちで、安倍氏を賛美する本を2冊書いた人物です。総理のお友たちだと罪を犯しても捕まらない、起訴もされないとなると、これは本当に恐ろしい世の中だと思います。霞ヶ関の中央省庁の幹部、次官とか局長とかいう人たちは、官邸の言うことは何でもやる人

たちだけになっているので、私は「何でも官邸団」だと言っています。

　菅さんは、思い込んだらどんなに反対があってもやってしまう人です。安倍政権が長く続いたのは、菅さんがその権力基盤を築いたのだと思います。その権力基盤形成の最大のツールは人事権です。人事権で役人を支配したわけです。それを常に支えてきた人が官房副長官の杉田和博という内閣情報調査室長をやっていた人です。気に入らない人間は飛ばす、気に入った人間は重用するよう、菅氏と杉田氏のコンビで役人を人事で操ってきました。

　一番気に入られた人が法務省の黒川氏です。彼は検察官には本来適用できない国家公務員法の定年の規定の「適用」により、東京高等検察庁検事長の定年を延長してもらいましたが、安倍首相と菅官房長官は彼を検察の最高位である検事総長に任命するつもりだったのでしょう。しかし、検察庁内には林真琴氏という衆目の一致する検事総長候補者がいた。おそらく、黒川氏の先輩や同僚など周囲の検察関係者のなかには、「あなたは自ら辞めるべきだ」と意見する人もいたはずです。それでも彼が辞めなかったのは、彼が官邸に何か弱みを握られていたからではなかったかと私は見ています。黒川氏は賭け麻雀をしていたことが露見して失脚しましたが、私は、黒川氏が敢えて自分が検事総長になれないように、わざと新聞記者と賭け麻雀をやって、その新聞記者からリークしてもらったのではないかと見ています。

　「桜を見る会」の政治資金規正法違反の捜査というのは、最初に報じたのは読売新聞とNHKでした。官邸の言いなりになるメディアが報じたわけで、つまり、官邸から出ているのだと。そういう見方は可能だと思います。「安倍再再登板論」が出ていたので、菅さんが安倍さんを再起不能にするためにです。どうも菅・二階連合VS安倍・麻生・岸田連合みたいな形で、自民党の中が割れそうです。

教育の目的とは
—自由な人間になり平和で民主的な国家・社会の形成者へ

　150 年の日本の歴史を考えていくと、個人と国家の間で揺れ動いていると思います。一人ひとりの個人、一人ひとりの人間が大事だという方向に行ったかと思うと、いや国家のためにと揺れ動いている感じがします。

　日本の教育は第二の逆コースに向かっていると思っています。また戦前に戻ろうとする力が働き初めている。教育勅語を復活させろという人がまた出てきていることもあります。これは危険です。日本国意法や教育基本法の一人ひとりの人間が大事という方向に、もう一度引き戻さなければいけないし、それはできると思うし、そうしなければならないと思います。

　「教育の未来」というのは子どもたち自身が自分で考え、判断し、行動のできる、そういう独立した人格を持った独立した精神、つまり自由な精神を持った人間に育てられるかどうかというところにかかってくると思います。

　方法論としては、新しいいろいろなツールが作られれば良いと思います。例えば、コロナ禍のお陰で一つ分かったことは、オンライン教育には一定の有効性があるということです。もちろん、対面授業に取って代わることはできないですが、オンライン授業には相当の可能性がある。普段、不登校だった子どもたちがオンライン授業だったら参加できるケースがあちこちであり、全国的にそれが分かったわけです。

　多様な学び方があることによって、いろいろな子どもたちがそれぞれの学び方ができる。この明治以来の画一的な学校教育の在り方を見直していくべきなのではないかと思います。

　子どもたち自身が自分の社会を作っていく力を身につけるということが大事です。これは教育基本法の第 1 条に教育の目的としてはっきり書いてあります。

　教育の目的は 2 つあると書いてある。1 つは人格の完成、これは私なりに翻訳すれば自由な人間になるということです。自分の頭で考えて行動できる人間になっていくということ。逆に言うと人のいいなりにはならない、

人の言うことを鵜呑みにしないということ。自分の頭で考えるということです。道徳の教科書に何が書いてあっても、何が正義か自分の頭で考えてつかみ取ることができる人間になることが大事だと思います。

　もう1つの目的は、平和で民主的な国家および社会の形成者を育成するということです。形成者という言葉は、非常に大事な言葉だと思います。国家や社会というものは、一人ひとりが作り上げていくものなのだ、子どもたちが国家、社会を作り上げる作り手になっていくのだということ。逆に言うと、国家や社会はあらかじめ存在するのではないということです。この国の在り方がおかしいと思ったら、作り直せば良いのだということです。その作り手を作る、育てる、これこそが教育の未来だろうと思います。

「國體」という観念

　「人」と「国」との関係について、日本国憲法の根本的な思想は、「人」が「国」より先に存在する、「人」が「国」を作る、「人」のために「国」があるという思想です。それは「個人の尊厳」と「国民主権」という理念に基づくものです。

　一方、大日本帝国憲法の思想は、「国」が「人」より先に存在する、「国」が「人」を作る、「国」のために「人」がいるという思想です。それは「國體」という観念に基づくものです。私はこの「こくたい」を表すのに旧字体の漢字を使います。現在の字体で「国体」と書くと「国民体育大会」の略称と同じになってしまいます。なぜ旧字体で書くのかというと、現代では通用しない観念は現代では通用しない字で書いた方が良いと考えるからです。

　この「國體」という観念は、戦前・戦中の道徳教育の支柱だった教育勅語の根本思想です。天皇は天照大神という神の子孫だという「神話国家観」、皇祖皇宗（天皇の先祖）が忠と孝の道徳を定め、日本国民は代々この道徳を実践してきたとする「道義国家観」、天皇と臣民（天皇に従う民）は親子に関係であり、国は大きな家なのだとする「家族国家観」がその内容です。そういう國體は人より先に存在していて、すべての日本人はこの國體のも

とに生まれ、この國體のもとに生きるという宿命を負っているのだと考えるのです。

　敗戦によって葬り去られたはずの國體観念が、あろうことか 21 世紀の日本で復活しつつあるのです。教育勅語を学校の教材とすることを認める閣議決定も行われています。2018 年度から始まった道徳の教科化では、画一的行動規範、自己犠牲・自己抑制、権威への服従などを求める読み物資料が満載の教科書が作られています。過去の日本が行った侵略戦争や植民地支配を直視し、反省することを「自虐史観」などと侮蔑し、過去の日本の行為を美化して次代に伝えようとする歴史修正主義の動きも強まっています。日本の教育の未来を明るいものにするためには、まずこの戦前回帰の動きを阻止しなければならないです。

立憲政治を取り戻すために

　日本の教育が 80 年前の時代に戻らないようにするためには、どうしても今の政権を倒す必要があります。自民党はかつて持っていた多様性を失い、今や極右政党だと言っても過言ではないでしょう。安倍・菅政権は平気で立憲主義を踏みにじってきました。

　この政権を特徴付けているのは、個人より国家を重視する国家主義と市民社会より市場経済を重視する新自由主義です。その結果、学校を含めた社会全体に抑圧的な状況と格差の拡大が広がっています。その結果として、日本国憲法が保障しているはずの人権が保障されなくなっています。

　学術会議会員の任命拒否や、あいちトリエンナーレでの「表現の不自由展・その後」への補助金不交付に見られるように、憲法 23 条の学問の自由や憲法 21 条の表現の自由に対する抑圧が広がっています。森友学園問題、加計学園問題、桜を見る会、東北新社と総務省の癒着などに見られるように、政府が国政を私物化し、憲法 15 条が求める「全体の奉仕者」としてのあり方に背いて「一部の奉仕者」として利権を誘導する事例があとを絶ちません。

　日本をアメリカと一緒に戦争する国にしてしまう安全保障関連法は、集

団的自衛権の行使を認める点で完全に憲法9条に反する違憲立法だと言わざるを得ません。この法律はかつての自民党政権のもとであれば違憲とされていたはずです。自衛隊と米軍はますます一体性を強めています。

　新型コロナ対策は、本当に困窮した人たちを置き去りにして、電通やパソナなどの政権に近い企業を儲けさせる機会になってしまっています。いわば「コロナ利権」「コロナ特需」ともいうべきものが現出していると言っていいでしょう。

　東京オリンピックについても、こうした企業に「五輪利権」「五輪特需」というべきものが発生しています。新型コロナによる死者と生活困窮の果てに自死した死者が増え続けています。「健康で文化的な最低限度の生活を営む権利」を保障しているはずの憲法25条が空文化していると言ってもよい状態です。

　まず立憲政治、すなわち憲法を尊重し擁護する政治を取り戻すことが必要です。そのためには市民と立憲野党の連帯が不可欠です。「小異を捨てて大同につく」という言葉がありますが、今の立憲野党にこそこの言葉はふさわしいでしょう。それぞれに政治理念の違いや政策の違いはあって当たり前です。しかし、大きな悪を倒すためには、その違いを乗り越えて手を繋ぐことが必要です。

　憲法を尊重する政治、新自由主義と決別する政治、格差を是正する政治、日本を戦争しない国に戻す政治、表現の自由や学問の自由を最大限に尊重する政治、戦前回帰の教育を許さない政治、こういった目標で一致できる野党は、小異を捨てて力を合わせるべきなのです。

※本稿は、2020年12月17日にカトリック雪ノ下教会主催で当教会の信徒会館で行われた第37回勉強会「キリスト者として平和を学ぶ」での講和「前川喜平さんと教育の未来を考える―学問の自由・憲法・権力―」を編集し、加筆したものです。

第6章
戦後史の脈絡から日本外交の転換を展望する

評論家・元外務省国際情報局長　孫崎 享

ポツダム宣言受諾から戦争ができる国への復活

　戦後史の根幹にあるのは 1945 年 9 月 2 日の降伏文書への署名です。ポツダム宣言で日本は連合国の全ての指示に従うと約束しました。天皇制もあり内閣総理大臣も存在しますが、基本的には連合国からの命令を実施するということが国際的な約束になって、日本の戦後がスタートします。連合国は日本が再び戦争をできないように憲法第 9 条で軍備を放棄させ、国内の民主化を図りました。

　ところが 1946 年あたりから冷戦が深刻化し始め、最終的には朝鮮戦争が勃発します。それまでは日本を民主化し、戦争をさせないことを目的としてきた連合国は、ソ連に対抗する過程でこれらの優先順位を大幅に下げます。日本をもう一度戦争ができる国として復活させようと画策するなかで、民主化は重要ではなくなりました。

　今日の自衛隊の前身となる警察予備隊の創設にあたっては、法律ではなく政令を用いています。日本国憲法で謳っている民主主義をかわすため、武力的な方向に舵を切るという決定が国会を通さずに行われました。朝鮮戦争の際に民主主義を放棄し、それと並行して自由主義も捨てました。これが大きな流れです。

　この過程で重要なのは、日本の再軍備を画策するうえで戦後に登場した民主主義的な政治家では、連合国側の意図に沿った十分な働きができなかったということです。

　そこで第二次世界大戦に突入した当時の、戦後は戦犯として扱われた人たちを再び表舞台に据え直します。その代表格が岸信介です。政界、官界、学会、ジャーナリストなど、あらゆる重要な分野に、一度は戦犯になった

ような人々を配置し直しました。戦犯として刑を待つ彼らは、審判の結果によっては命さえも失うかもしれません。公職追放ですので仕事も失っています。けれどアメリカに協力すれば、命も仕事も取り戻すことができます。そうやって、全ての分野でアメリカに協力することを最優先とする人たちが日本のトップに舞い戻ってきました。

政界であれば岸信介、戦争当時の大蔵大臣を務めた賀屋興宣、ジャーナリストでは正力松太郎、司法では最高裁長官に田中耕太郎、検察は布施健といった大戦前の思想検事が息を吹き返します。朝日新聞社でも戦前に戦争協力をした人たちが中核に戻ってきました。財界も同様に、財閥解体の後で1946年あたりに経済同友会を中心に、アメリカに協力する財界人が登場します。

このように、一度は日本の社会構造から排除された人たちが、アメリカに隷属することで命と地位を担保されました。そして、このことが安保条約に繋がっていきます。

日米安保条約での岸信介という人物は非常に複雑で、彼は「両岸の岸」と呼ばれていました。一方だけではなく、他のルートも確保しているという人柄を表している呼び名です。巣鴨拘置所に収監された岸は絞首刑の可能性さえあったにもかかわらず、冷戦の勃興を知るや、それが激化すれば自分の命は救われると言いました。そしてその言葉通り、巣鴨拘置所から政界に戻った岸は、アメリカに協力することを土台として、総理大臣にまで上りつめます。

ところが「両岸の岸」の呼び名の通り、彼はアメリカべったりで全てが終わるとは考えておりませんでした。

サンフランシスコ講和条約の際に、日米安全保障条約が締結されました。これはアメリカが日本国内のどこでも都合の良い場所に、彼らが望む規模の軍隊を、彼らが望む期間配備することができるというものです。米軍は日本の法律に属することなくアメリカの指令で自由に動くというのが、この行政協定の骨子となっていました。

1960 年の安保条約改定にあたって、岸は地位協定の改定まで踏み込もうとしました。アメリカは自分たちの子飼いだと思っていた人物が安保条約改定を機に、対立姿勢をもつ政治家なのだと評価を変えます。対米自立を考えて地位協定を改定し、米軍に日本の法律を適用しようとした岸を、アメリカは排除します。

安保闘争では樺美智子さんが亡くなって、すぐに朝日新聞社が中心になって「七社共同宣言」を出します。民主主義を守ると謳いましたが、本来なら岸が首相であるなしに関わらず批判を続けるべきところが、彼を降ろすことで運動は終結しました。なぜ、岸が排除されたのか。これについての本当の理由は、当時、安保闘争の渦中にいた人々の大半は認識していなかったのだと思います。

アメリカの軍事戦略のための集団的自衛権容認と改憲

安保闘争の後に、ベトナム戦争がありました。1970 年あたりから、アメリカはベトナム戦争からの脱却を模索し始めます。ニクソン米大統領は「アジアを守るために、なぜ我々が血を流さなければならないのか」と考え、それはアメリカの国民感情そのものでもありました。世界戦略においてアメリカ人がアジア人のために血を流すことが無意味だという考え方のなかで、日本に配備する米軍基地の重要度は下がります。1970 年代のアメリカにとって、日本はそれほど重要な国ではありませんでした。

しかし、1980 年あたりから世界の枠組みが新しくなります。ソ連が戦略潜水艦をオホーツク海に配備しはじめました。これはアメリカを攻撃することが可能な核兵器を搭載した潜水艦を、海中に潜ませるというものです。対抗するために、アメリカは事前にこれを察知する必要が生じました。そのために P-3C 哨戒機を用いるのですが、その際にアメリカではなく日本の軍備を利用しようという動きになっていきます。これは中曽根首相の在任時期と一致します。

こうして 1983 年あたりから新たに日米基軸という考え方が登場しますが、これはまだ依然として極東の軍事に日本に配備した米軍基地を重要視

するというものでした。あくまでも米軍を中心とした考え方です。

　ところが冷戦終結後、アメリカはイラン、イラク、北朝鮮といった国々を自分たちの敵として新しい戦略を策定します。米軍は極東ではなくアフガニスタン、シリアといった国で展開しました。そのような中でアメリカは、自衛隊を海外で使おうと考えます。これが明確になったのが2005年です。

　そうなると、都合が悪いのが日本の平和憲法の存在でした。それまでは、日本国内に配備した米軍基地を自分たちの都合に合わせて運用することが日米安全保障条約でのアメリカからの要請でした。しかし、日本の自衛隊を海外での軍事作戦に使うとなると、アメリカは日本の国内体制を変える必要が生じました。これが集団的自衛権の容認であり、今日の憲法改正に向けての動きです。

多様な価値観があった官僚機構が対米追随一辺倒に

　かつての外務省は、日本の官僚機構のなかでも非常にリベラルな役所でした。第一次世界大戦終結後、戦勝国だった日本は講和条約において、戦利品を何一つ手にすることができませんでした。講和条約に赴いた代表団は、かつての殿様や地縁、血縁で集められた人たちでしたので、条約締結の舞台で現地の言葉を話すことも交渉することもできませんでした。

　この反省から外交官の重要性に気づいた日本は外交官試験を設け、合格者を海外の大学に派遣します。欧米の様々な大学に2〜3年留学することになる若い外交官たちは、各国の大学で努力するあいだに、その国の価値観を身につけます。一つの価値観だけが正しいとするのではなく、物事には様々な見方があるのだという認識で外務省はスタートしました。リベラルな人々が集まるという特徴的な役所だったのは、このような背景があるからです。先ほど述べたように1970年代はアメリカにとって日本は重要な国ではなかったことも併せて、多様な価値観が存在する雰囲気だったのです。

　そのような雰囲気のなかで最初の外交青書が出されました。そのなかで

掲げられているのは３つの基軸です。１つは国際機関を重視する。２つ目は西側諸国と連携する。そして３つ目が近隣諸国との友好関係に努める。西側諸国との連携であって、アメリカ一辺倒ではありませんでしたし、アジア諸国との連携がきちんと柱の一つになっていました。

　ところが、アメリカが日本の軍備を海外で使おうと考え始めます。この流れは湾岸戦争の後からで、このあたりから外務省が対米追従路線になっていきます。全てをアメリカの価値観に習う。これが日本外交であると。そのような状況になっていきます。

　私は1997年から1999年に国際情報局長という役職に就きました。1984年あたりに創設された国際情報局という部署は、外務省のなかに複眼的な視点を作ることを目的としていました。省内に複数の異なった価値観が存在し、それらが対話することが正しいという考え方です。

　これが1980年代中頃から1990年の初めあたりまでの外務省の考え方でしたが、今日はアメリカの価値観に全て従うという方向に変わりました。

　最も特徴的な出来事が2009年の民主党・鳩山政権時に起こりました。鳩山政権の政策のなかでも、重要な柱の一つが沖縄の普天間基地問題でした。鳩山首相は「最低でも県外（に米軍基地を移設する）」と言いましたが、当然、米国防総省が反発します。そしてアメリカの意向に沿って鳩山政権を潰しにかかった中心が外務省でした。若い事務官から課長、局長まで全省をあげてアメリカと協力し、鳩山政権を覆すように動いたのです。

　アメリカという一つの対立軸でお話しましたが、興味深いのは1993年あたりです。この頃はまだ日本の官僚の中に国益を重視するという考え方がとても強かった時代です。

　例えば自動車や半導体、鉄鋼など日本による対米輸出に規制をかけようとする米国政府に、自由主義で行くべきだと主張する通産官僚たちが頑張っていた時期がありました。官邸が対米政策を考える際に、通産官僚は日本の国益のために様々な提言をしました。ところが、そのような席で外務官僚は「そのようなことをしてもアメリカは喜ばない」と言い放ったわ

けです。

　それまで、日本の官僚は日本の国益を中心に物事を考えていました。すでに政界も財界も対米追従路線をとり、それに反対する人はいなかったのですが、官僚機構だけが国益のために反対を唱えていました。

　そこで、この官僚体制を変えるために内部からだけではなく外側から攻撃することになり、官僚叩きが始まります。ノーパンしゃぶしゃぶ事件など、官僚組織そのものにも問題を抱えていたことは事実なのですが、独自に物を考える官僚という存在を日本の社会から排除しようという動きが明確化していきます。

　そして郵政改革で顕著になったように、政府の方針に従わない官僚は排除するという流れが小泉政権から露骨になりました。この時代から、日本の官僚組織は自分たちで正しいことを考えることを否定されます。正しいことをしようとすると排除される。これが今日の管政権にまで続いているということです。

　一方で、外務省は利権に絡んだ問題がない役所だと言えます。外務省は独自の利権を持っていないので、森友学園や加計学園のような問題は起こりにくい。ただし、官邸からの圧力は別です。アメリカは、日本という国をどのように動くすかという意向を内閣総理大臣に伝えます。官邸を通じて米政府の圧力を受けるという意味では、外務省が最大の受け皿だと言えるでしょう。

近隣諸国と協力し合う外交政策へ転換を

　最初の外交青書には３つの柱があり、一つは国際機関、もう一つは西側諸国との連携、そしてもう一つがアジア諸国との協力だとお話ししましたが、昨今の日本が失ったのは３つ目に上げたアジア諸国との協力体制です。

　通常どんな国でも、近隣諸国と協力し合うということは外交安全保障政策の要です。ところが日本では、近隣の中国や韓国と厳しい対決をすることが望ましいという空気が醸成されています。これは大きな間違いです。

　かつて福沢諭吉は脱亜論を唱えました。明治時代に提唱された脱亜論の

根幹にあったのは、中国、朝鮮はいずれ滅びる国だという認識です。滅びる国と連携するのではなく、今後躍進が期待されるヨーロッパと歩調を合わせようという意味で「脱亜入欧」と言ったわけです。

　ところが現在の世界情勢は当時とは異なり、アジアが世界経済の中心になろうとしています。福沢諭吉が現代の日本で提唱するとすれば、「脱亜入欧」ではなくて「脱欧入亜」になるはずです。

　世界でトップクラスの情報機関と言えば、誰もがアメリカのCIAを思い浮かべると思います。そのCIAが購買力平価ベースのGDP比較という各国の経済力調査を行いました。これは各国の通貨でどれほどのものが購入できるかという単位を用いたものですが、そのレポートで世界第1位になったのは中国です。

　次世代通信技術である5Gの研究開発分野でも中国がトップですし、日本の文部科学省の外郭団体による調査では、自然科学分野での論文数のトップも中国です。

　こういった事実を目の当たりにすれば、これから世界経済の中心は、質も量もアメリカから中国へと移っていくことが容易に予想されます。経済の観点からすれば、日本は中国との関係強化を図る必要があります。近隣諸国と連携すること。私はこれを日本の外交の中心軸に据えるべきだと考えています。

　問題はアメリカとの関係です。中国との関係強化を図る政治家はほとんど排除されてきました。最近の例では鳩山由紀夫。小沢一郎や田中角栄もそうです。中国に限らずともアジア諸国との連携をアメリカが望む以上に進めようとすると、その政治家は潰されます。

　象徴的なのは北朝鮮問題です。金丸信が訪朝団を結成して北朝鮮を訪れました。この金丸訪朝団に属していた政治家は、今日ほとんど日本の表舞台から排除されています。

　アジア諸国との連携強化は対米隷属主義との根深い対立問題を抱えているのす。

核兵器廃絶に向けた最良の方法

　第二次世界大戦後、自分たちが核攻撃されるかもしれないと最も危惧している国は北朝鮮です。朝鮮戦争の時代にも核兵器が使用される危険がありました。その危険はそれ以降も継続中で、アメリカ政府では 2005 年、2006 年には、イランと北朝鮮に対して必要に応じて核兵器の使用を許可するという指令が発せられています。北朝鮮はアメリカからの核攻撃に対抗するため、自らも核開発の保有を画策します。

　それでは、北朝鮮に核兵器を持たせない、使わせないためにはどうしたら良いのでしょう。それは、アメリカが北朝鮮に対して核兵器を使用しないという約束をすることです。

　これまで米軍では「北朝鮮への核攻撃を許可する」という命令書はあっても、その逆の「北朝鮮に核攻撃をしない」というものは存在しませんでした。北朝鮮の核開発、核保有を止めるのであれば、核保有国が北朝鮮に対して核兵器を使用しないという約束をすることが必要なのですが、現在までそのような約束が取り交わされたことはありません。

　これは通常兵器だけでは、場合によってはアメリカが不利になる可能性があるということです。自分たちが不利になれば、アメリカは核兵器を使用したい。朝鮮戦争でもベトナム戦争でも使おうとしました。アメリカは核兵器を保有していない国に対しても、核攻撃というカードを選択肢の一つとして手放しません。

　逆に、本当に地球から核兵器をなくしたいと考えるのであれば、核保有国が核兵器を持っていない国に対しては核攻撃をしないと約束することが最初のステップになります。これはそれほど難しいことではありません。なぜなら、核兵器を保有しない国がアメリカを攻撃することは現実的にあり得ないからです。核兵器の廃絶を真剣に考えるのであれば、まずは核保有国から保有しない国に対する核攻撃を禁止する国際的な取り決めをすることがスタートになります。

　それを阻んでいるのは、核兵器を独占することで脅迫の手段に用いているからだと言えます。ヘンリー・A・キッシンジャー元米国防長官は『核

兵器と外交政策』（1994 年、駿河台出版社）の中で述べています。

「中小国が核兵器を手に入れた場合に、これを使わせないための最良の手段は何か。それはその国の存在を脅かさないという約束をすることである」

中小国が核攻撃をすれば、当然核による報復攻撃を受けて国土を失う可能性があります。そのような状況下においても、中小国が核兵器を使用する可能性はゼロにはなりませんが、その国の政権、指導者を軍事力で排除しないという約束こそが、中小国に核兵器を使わせない最良の方法だと言っているのです。

北方領土２島返還は可能

日本とかつてのソ連との間で国交正常化交渉がなされました。その結果として、両国首相の署名で日ソ共同宣言が発効されるのですが、その中に「平和条約締結を経て歯舞群島と色丹島を譲渡する」ということが明言されています。歯舞および色丹が返還されることは現実としてあり得るのです。

それでは国後島、択捉島はどうでしょう。北方四島と一括りにされますが、国後島、択捉島と、歯舞群島、色丹島は問題が異なります。歯舞、色丹は北海道の一部で、千島列島ではありません。

サンフランシスコ講和条約で、日本は千島列島を放棄すると宣言しました。この時に吉田茂首相は「国後、色丹は千島列島である」と述べています。日本が独立国家として、国際社会とどのような約束を取り交わしたのかということを、我々日本人はもう一度見直すべきだと思います。

日本人の多くが「日米安保条約の破棄が北方領土返還の条件である」と誤解しています。ソ連（現ロシア）は、返還後に米軍基地が配備されることを恐れているというものです。しかし、北海道にさえ米軍基地はありません。歯舞や色丹のように滑走路も敷設できないような小さな島に、米軍が基地を作ることはありません。

政権交代でアメリカ従属の外交・安全保障の転換へ

　コロナ禍での政策で分かるように、自民党の政治家にとって国民の命を守るということは極めて重要度の低い課題です。私はこれだけでも自民党は政権の座を明け渡す必要があると考えています。

　ただ、問題は第2党である立憲民主党の一部に、対決軸を強くしたくないと考える層が存在します。例えば長野県、そして北海道で選挙がありました。どちらもリベラル勢力が勝ちましたが、その流れの中で野党共闘を阻害しようという動きが立憲民主党の中にありました。

　東京都議会選挙ではオリンピックが重要な政策の一つになりましたが、自民党と公明党は従来通り。これに対して共産党は中止、都民ファーストは無観客と言いました。それでは立憲民主党はどうだったでしょう。リベラル勢力の中で、立憲民主党のスタンスは非常にあやふやです。

　新型コロナウィルス感染症対策、東京オリンピックなど、重要な局面で国民の要望と自民党の主張が乖離しています。自民党の政策が国民と歩調を合わせていないのです。結果として、今回の都議選で自・公が議席の過半数をとれませんでした。

　逆に、リベラル勢力が結集すれば選挙で勝てる可能性もあります。これから総選挙までのあいだ、自民党はリベラル勢力の結集阻止に動くでしょう。

　それに対抗するためには市民団体の動きが重要だと思います。

　リベラル勢力の結集といっても、立憲民主党と日本共産党では政策が異なるため、その立場の違いが共闘を阻害するのではないかと危惧されています。軍事的な考え方に注目すると、立憲民主党は日米軍事同盟に積極的な立場で、日本共産党は将来的にはそれを破棄したいという立場です。

　けれど重要なのは、これまでのようにアメリカに依存し続けていても、軍事的に日本の安全を守ることはできないということです。

　中国は、日本にある米軍基地を1200発以上の中距離弾道弾、短距離弾道弾、クルーズミサイルが標的として捉えています。例えば、米軍の戦闘

機が尖閣諸島に向かおうとする時に、滑走路を攻撃されればもう飛び立つことはできません。

　ハーバード大学のグレアム・アリソン教授やニューヨークタイムズが、米国防省が中心になって行ったウォーゲームの結果を発表しています。18のウォーゲームで全てアメリカが敗北したというものです。尖閣諸島や台湾周辺で米中戦が勃発した場合、アメリカが負けるという結果です。

　もはや、米軍への依存は日本の安全保障を担保しません。我々がするべきなのは、尖閣諸島や北方領土の問題を外交で解決するということ。軍事紛争を回避することです。

　米国防省が 2009 年に、今後、中国がどのような安全保障政策を打ち出すかということを予想しました。第一に中国共産党は永久に中国を支配することを望んでいます。その際、歴史的に見ても国民の支持を得ずに政権を維持することは不可能です。共産主義の素晴らしさを喧伝しても支持は得られません。近隣諸国を悪者にしても、国民は強い態度で臨むことを要求して中国政府を攻撃するでしょう。国民の支持を得る唯一の方法は、経済力を上げて国民を豊かにするしかありません。そのためには中国製品が海外で売れなければなりません。世界の国々が中国との取引を受け入れるためには、他国を武力制圧する軍事的野心を内包している国であるという位置づけでは世界市場を失います。

　つまり、中国の領土問題を上手にコントロールできれば、彼らは軍事的冒険主義に傾倒することはないという報告を、米国防省が議会に提出しているのです。

　このように私たちは近隣諸国の軍事的脅威に対して、それぞれがどのような場合に軍事力を行使するのかを分析・研究し、そのような事態を回避するためにどのような政策を用いるのかをしっかりと考えていく必要があります。

　米軍に依存しなければ日本の安全はない、あるいはその逆に米軍に隷属

していれば他国から攻撃されることはないといった理屈は成立しないということを、肝に銘じなければなりません。

　これは日本国民の理解を得ることが非常に難しい問題です。自民党内のアメリカ従属路線を支持する勢力からは、立憲民主党と日本共産党の共闘が不可能な理由として、これらを突いてくることが考えられます。

　それを覆すために、市民団体の役割は極めて重要なのです。

第7章
「実感」から出発する政治 —「正しさ」を問い返す—

安保関連法に反対するママの会・発起人　**西郷 南海子**

1.「実感」から出発する

　最近、近所のドラッグストアが閉店した。コロナ禍でマスクやアルコールなど売れるものがたくさんあると思っていただけに驚いた。閉店前には、店内全品 10％オフになった。その噂は近隣の中学生にまで広がっていて、わたしは息子から聞いたのだった。

　わたしもいそいそと出かけていって、日用品を買い込んだ。しかしレジを終えてから気がついた。「消費税が 0％ならこういうことなのか！」と。安売りばかり狙い、政治の根本的な変革を求めない「一消費者」としての自分を反省したのであった。

　なぜ、暮らしと政治はこうも遠いのだろうか。いくら「暮らしは政治」と言ったところで、頭では分かっていても、身体が動かない。歯を食いしばって、正しさを求め続けることにはエネルギーが要る。現実のわたしたちは自分の暮らしを支えることで精一杯で、政治集会などに参加することはなかなか難しい。消費税が増税されるときは反対のデモに参加したが、消費税 10％が日常になってしまうと、足が遠のいてしまう。

　しかし、ここでふと思う。政治集会に参加することだけが「政治」なのだろうか。わたしたち一人ひとりの「持ち場」で踏ん張ることが「政治」なのではないか。ちょうど小学 2 年生の息子が学校で『スイミー』（レオ・レオニ作）の学習を始めた。わたしたちもスイミーのようにそれぞれの「持ち場」を守ることから始めたい。

2.わたしの「持ち場」は

　安保法制成立後、わたしは軸足を「地域」に移して活動を続けてきた。

国会の中にいる人たち（国会議員）は、それぞれの地域から選出されているのであって、地域での活動は国会前での座り込みと同じくらいの価値があると考えるようになった。わたしはまずPTA会長の仕事を引き受けた。地域の長老には「2年くらいすると仕事ができるようになるよ」と言われたが、実際その通りでPTA会長2期目に新型コロナウイルスがやってきた。何もかもが変わってしまったように思えた。人と人が会うことが避けるべき、悪いことであるかのように語られ、人が集まることを中心とするPTA活動は危機的な状況に思えた。臨時休校が繰り返されるたびに先が見えない気持ちになった。

　しかし、こういう状況でこそ、聴き取るべき声があるのも事実だ。わたしは、すべての保護者に配信されるPTAメールを使って、それぞれの子どもの生活状況の聴き取りアンケートを行った。その結果、多くの保護者はもっと学校とコミュニケーションを取りたいと思っていることが分かった。また中には極度の孤立状態にある家庭もあることが分かった。これらの情報を学校に届け、対策を話し合った。自分の子どもを預けている学校でさえ、保護者には「遠く」感じられ、それがコロナウイルスによってさらに強まっているのであった。

　わたしはアメリカの教育学者ジョン・デューイ（1859-1952）を専門とし、子育てをしながら卒論・修論・博論とデューイをテーマに書いてきた。デューイは「民主主義」の教育者と呼ばれ、たしかに彼の100年近い生涯は不平等や不正義との闘いであった。

　デューイは、学校こそ「胎芽的社会」であるべきだという（『学校と社会』）。社会や家庭から切り離された場としての学校ではなく、あらゆる未来社会の要素がギュッと詰まっている学校を想像したとき、とてもワクワクするものを感じた。デューイは子どもの中にこそ未来を見る。具体的に言えば、学ぶべきものは教師が先回りして用意した教材ではなく、子どもが「今」興味を持っている物こそ教材なのである。子どもが充実した「今」を過ごすことが、子どもが充実した未来を過ごす下地になるのである。

　しかしながら、デューイのこの主張から100年経っても、まだこのよう

な学校はおとぎ話のようだ。こうして、学校づくりに保護者が参加するにはどうしたら良いのだろうかという課題が残った。

コロナ2年目の現在は、不登校のお子さんをもつ親御さんと緊密に連携しながら、学校内に彼ら彼女らのフリースペースを設けられないか取り組んでいる。子どもを「束」「集団」として扱い、「束」「集団」として社会に送り出す近代教育のモデルは、子どもの人権を十分に大切にできていない。そこで、学校に行けない子どもたちが出てくる。彼ら彼女らは、学校に不適応なのではなく、学校が「不適応」なのである。しかし、学校は官僚組織を思わせるような強い上意下達のなかにある。そこにどこまで保護者が食い込むことができるか、どこまで協働できるか、わたし自身日々手探りである。これがきっとわたしの「持ち場」なのだと信じながら。

3. 選挙とは

「選挙は暮らしを良くするお祭りや！」。こう言ったのは京都市長選挙の候補者だった福山和人弁護士だ。この説明は明快である。暮らしのなかでの困りごとを、具体的な政策として形にし、あくまでも明るく市民に問う。これが選挙なのである。さらに安保法制の反対運動以後、何度も地方選挙を経験したわたしが思うのは、選挙は短期的な「お祭り」であるだけでなく、長期的な取り組みでなければならないということだ。予定候補者を知ってもらうには時間がかかる。日頃からの活動量が物を言う世界だ。しばしば「地べた」という、それだ。

市民運動界隈では、なぜ選挙に行く人がこんなにも少ないのかという憤懣を聞くことがよくある（図1）。わたし自身、両親が欠かさず投票に行っていたので「選挙には行くもの」としか思っていなかった。実際に20歳になってから欠かさず投票を続けている。わたしは子どもの頃、鎌倉に住んでいた。投票所は川端康成邸の向かい側の「長谷公会堂」だった。

親に連れられて長谷公会堂に行くと、親のように投票ハガキを手にした大人が町中から集まってくる様子に子どもながらに感銘を受けた。そうした原風景が今の自分を作っているように思う。

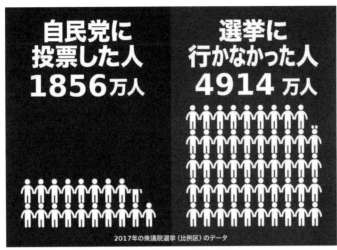

図1　Twitterで定期的に目にするグラフ（制作者不明）

　最近、低投票率に関するもう一つの説を自分の中で考えている。それは「遠慮して行かない」というパターンである。例えばわたしが加盟している某学会では、役員を選ぶ選挙で、膨大な学会員のリストから投票するのだが、「誰も知らないから入れられない」とあっさり棄権してしまったことがあるのだ（このわたしが！）。その人を知らないのに勝手に名前を書くなんて、無責任な行動だと感じられたのである。そのとき初めて、国政選挙で棄権する多くの人たちのことを思った。「掲示板に並んでいる人たちの中で誰も知らない……知らないのに書くのは無責任だ……ここは、知っている人にお任せしよう」という心理である。政治は重大なことであるから、自分ごときでは関われないという感覚である。

　選挙戦の中では候補者に何万回という有権者との握手を課す場合もある。握手しただけで投票するのか？　という批判もありそうだが、実際には「握手した＝かろうじて知っている＝入れてもいいだろう」という強力なループができ上がるのである。知名度として「知っている」だけで投票するのは、シティズンシップ教育としてはずいぶん初歩的だが、逆に言えばそれ以上の教育が行われてこなかった以上、仕方がない。田中角栄の選

挙戦は長靴姿だったという。いつでも、田植え中の農家さんのところまでズボズボ入っていけるように。もちろん握手するためである。こういった「肌」の政治はどうやったら乗り越えられるだろうか。また乗り越えるべきものなのだろうか。[*1]

　わたしは野党の選挙に関わってきたが、正しいことを選挙カーの上から言い、言い終わったら次のスポットに去るというパターンを多く見てきた。それでは正しいことを言えば支持されるだろうという、有権者とのギャップを感じざるをえない。政治家が有権者を物理的に見下ろすのではなく、対等にフラットな場を持てたら良いのではないか。この件に関してはアメリカでバーニー・サンダースのボランティアに参加してきたSEALDsメンバーが、非常に工夫して民衆と一体化する政治家像を追求してきた（写真1）。有権者は政治家を見上げるのではなく、対等な目線で向き合うことになる。

写真1　2017年10月14日、JR新宿駅前で開かれた街頭演説会　（立憲民主党 Twitterより：@CDP2017）

　ここまで書いてみて、ふとわたしは枝野幸男さんとも、志位和夫さんとも、山本太郎さんとも街宣をご一緒したことがあることに気がついた。それぞれお話は抜群にうまい。ただ、それを政治に関心のなく、ただ信号待

ちしている人に届けることができているかが課題だと思う。

　野党共闘が始まったばかりの頃は、写真2のように異なる政党のリーダーが文字通り「手をつなぐ」だけで、野党支持者に対しては鮮烈なインパクトがあった。そこに加わる「市民」としてわたしも幾度となく子連れで集会に参加した。

　しかし選挙を繰り返すうちに、「手をつなぐ」だけでは勝てないのだと実感することが増えてきた。そもそも野党の支持率が低すぎて、それらを足し合わせても、与党に及ばないという事情もある。より根本的な問題として、野党のリーダーが手をつないだところで、多くの有権者にとってはそれが何を意味しているのか分からないのではないか。

　野党共闘の意義は、これまで野党やその支持母体となる労働組合にどのような確執があったのかを匂わせるよりも、これから野党が何を成し遂げようとしているかにあるはずだ。未来の話が聞きたいのだ。そしてその未来を生きるはずの若者に、その政策が届いていなければならない。わたしがよく思うのは、曇りのない目で若者を見なければならないということである。「若者の保守化」が叫ばれて久しいが、実際には目の前に一人ひとり違った若者がいるのである。

写真2　2016年5月30日しんぶん赤旗「山陰から政治変えよう　福島鳥取・島根統一予定候補必勝へ　山下・枝野氏ら街宣」。左端が西郷と娘。

4.「今ごろの若者」はどこに

　いつの時代も繰り返される「今ごろの若者は？」論であるが、筆者の場合、中学生の長男を観察している。あと数年で有権者になる若者である。彼らはテレビを一切見ない。なぜならテレビはオンラインゲームのためのスクリーンとして使っているからである。では、社会に関する情報をどこから得るのかと言えば、動画発信アプリ TikTok である。国会の中の出来事を面白おかしく編集して、ほんの数秒で伝えてくれる。それを見て「菅さんがこんなことを言ったって」とわたしに教えてくれるのである。子どもたちの世界には政治の風刺がある。前・安倍首相が、桃や肉など何を試食しても「ジューシー」と言っていたのをからかって、フルーツを食べるたびに「ジューシージューシー（笑）」と言う具合である。動画発信アプリによって、良くも悪くも子どもと政治家の距離が近くなっている。

　最近であれば、埼玉県戸田市の市議に当選した「スーパークレイジー君」（西本誠さん）も大きな注目を集めた。菅総理の場合とスーパークレイジー君の場合は、文脈が大きく異なるが、「笑い」や「同情」といった共感をベースにした知名度の広がりを獲得している。

　当然、TikTok を中心とした情報収集には懸念もある。Tik Tok は平均15 秒、最長で 60 秒しか動画を作ることができない。つまり、作る方は 15秒で伝えなければならないし、見る方は 15 秒でもつまらないと感じたら、次の動画に移ってしまう。時間をかけて何かを考え理解しようとするのではなく、刹那的なおもしろさに偏ったメディアと言わざるをえない。ただし、若い人たちが普段接しているメディアの特性を踏まえることなしに、彼ら彼女らに伝わるメッセージを作ることはできないだろう。

　では若者は何に触れ、何について考えているのだろうか。本稿ではオンラインゲームを手がかりに２つの例を見てみたい。オンラインゲームについては「中毒性がある」「人間関係から遠ざかる」などの意見があるかもしれないが、外出が制限されるコロナ禍の中、若者・子どもにとって大きな「居場所」になっていることに注目したい。

1つ目に紹介するのは筆者の長男の例である。緊急事態宣言によって、部活や遊びに出かけるなどの「放課後」の生活がほとんど過ごせていないため、もっぱらオンラインゲームに打ち込む時間が長くなっている。オンラインゲームという場で、クラスや部活の仲間と「再集合」しているのである。ゲームというと内向的な印象を受けるかもしれないが、むしろ近年のゲームは非常に外向的である。チームで戦うので仲間とのコミュニケーション（ボイスチャット）も活発である。そのゲームの一つに「APEX」（エイペックス）というものがある。

　それぞれ自分好みの装備を身につけてプレイするのであるが、息子が「ブラック・ライヴズ」のバッジがあると言うのである。見てみると、本当に "BLACK LIVES MATTER"（BLM）を意味する黒い拳のバッジがあった。またしばらくすると新しいのが出たというので見ると、今度は "STOP ASIAN HATE" のバッジであった。

　これは BLM 運動の中からはこぼれ落ちてしまったアジア系の人々を守ろうという意思表示である。さらには 6 月には LGBTQs を祝福する「プライド月間」ということでレインボーのバッジが用意された。これらは、どれもインターナショナルなトピックだが、日本にいながら、家にいながら、それらの運動に参加できるのは、画期的である。しかも実世界では人命に直に関わる問題である。

　こうした問題に対して意思表示をする自由があり、それを行使している

写真 3　BLM バッジ（Apex Legends @PlayApex, 2020 年 2 月 3 日）

写真 4　アジア系ヘイトをやめろバッジ (Apex Legends News @alphaINTEL, 2021 年 5 月 5 日)

写真 5　プライド月間バッジ (Apex Legends News @alphaINTEL, 2021 年 6 月 4 日)

海外のプレーヤーを見ながら、息子は何を思っているだろうか。全世界の
プレーヤー1億人を誇る APEX LEGENDS（日本のプレーヤー数は、アクティ
ブユーザーで20万人と言われている）。今、若者たちの「世界」観は、のび
やかに国境を超えているのではないか。

　オンラインゲームでの出会いの一例として、もう1つ書かなければなら
ないことがある。筆者は大阪の短大で保育系の科目を教えているが、オン
ライン授業の1回目は、気軽な自己紹介・近況報告をしてもらった。する
と一人の学生Aさんが提出した内容が衝撃的なものであった（ちなみに紹
介許可済みである）。オンラインゲームを通じて親しくなり、ゲーム外での
交流もあったミャンマー人の友人が、軍に殺されたと言うのである。そ
れ以降、Aさんは毎日必ず Twitter で #WhatsHappeningInMyanmar（今
ミャンマーで何が起きている）のハッシュタグを検索し、殺された友人のこ
とを忘れないようにしていると言う。このように権力を「監視する」執念
こそが、犠牲になった人々への弔いであり、いつの日か民主的政権をミャ
ンマーに生み出す力になるであろう。わたしもこのAさんに触発されて、
京都で連帯イベントを行った（写真6）。

　オンラインゲームが若者をとりこにしていることは、その背後では大き
な額のお金が動いていることもあり、これまで肯定的に語られることはほ
とんどなかったと思うが、世界規模のゲームであるがゆえに、国際的なト
ピックに出会う可能性がある。そしてそれは、わたしたち大人が取り組ん

写真6　ミャンマー連帯イベント（2021月4月18日）

でいる「政治」以上に、政治的であることもある。若者とゲームに関して
こうした観点はこれまで論じられてこなかった。若者をひとくくりに「保
守化」などと論じる前に、一人ひとりの若者と交流し、彼ら彼女らがどの
ような日常を送りながら、何を考えているのかこれからも追っていきたい。

5．これからの政治に向けて

　政治の世界では「正しさ」が重視される。それは当然のことである。と
ころが今の政治の世界では、「実感」「生理的なニーズ」という人間であれ
ば当然持っているものを軽視しているように感じる。それは、本稿冒頭で
紹介した消費税に関しても同様である。買い物（特に食品や日用品）に際
して、税金を取られたくないという、ごくごく「庶民的」な実感が野党の
なかでさえ通らない。負担を引き受けることが高潔であるような雰囲気で
ある。それでは、戦後ヤミ市の食糧を拒否して衰弱死した裁判官とどこが
違うのか。

　私たちはまず生きなければならない。たった一点のこの事実のために団
結できないものか。そのためには、おこぼれ的な「再配分」を待つのでは
なく、この社会の圧倒的な不正義に切り込まなければならない。合言葉は
「あるところから取れ、ないところから取るな」。1丁100円の豆腐にいく
ら税金がかかるのか、それが政治である。

　仕事や住まいを失って、路上生活の末、バス停で亡くなった（殺された）
女性がいたことは忘れてはなるまい。彼女とともに生きられなかった未来
を、私たちは生きている。

---

　*1　国民民主党の山尾志桜里議員は選挙戦の問題点について次のよう
に述べている。「触れ合い重視・現職優先の現行選挙制度は本当にデメリッ
トが大きい。70年以上女性議員比率が上がらないことがその象徴です」
（2021年6月23日，Facebookにて）。握手や地域イベントへの熱心な
参加に象徴されるような、「触れ合い重視」の選挙戦は、子育てや介護な
どのケアの労働を担っている女性には、ほとんど不可能と言ってよいだろう。

＊2　日本生活教育連盟『生活教育』2021年 4-5月号、特集「子どもを
とりまくゲームの世界」でも同様である。ゲームを実際にプレイすることな
しに、その構造や問題点を把握することは困難に思う。

＊3　NHK事件記者「ひとり、都会のバス停で～彼女の死が問いかけるも
の」（2021年4月30日）

https://www3.nhk.or.jp/news/special/jiken_kisha/kishanote/
kishanote15/

2021年6月25日閲覧。

著者略歴

五十嵐 仁（いがらし じん）
1951 年生まれ。法政大学名誉教授、大原社会問題研究所名誉研究員。専門は政治学・労働問題。個人ブログ「五十嵐仁の転成仁語」を発信。著書に『概説現代政治』『戦後政治の実像』『現代日本政治』『活憲』『労働政策』『労働再規制』、編著に『社会労働運動大年表』『社会労働大事典』など。

小林 節（こばやし せつ）
1949 年東京都生まれ。1977 年に慶應義塾大学大学院法学研究科博士課程修了。ハーバード大学ロー・スクール客員研究員等を経て、1989 年〜2014 年慶應義塾大学教授。その間、北京大学招聘教授、ハーバード大学ケネディー・スクール・オヴ・ガヴァメント研究員等を兼務。2014 年より慶應義塾大学名誉教授。著書に『「人権」がわからない政治家たち』など多数。

高田 健（たかだ けん）
1944 年福島県郡山市生まれ。1999 年に許すな！憲法改悪・市民連絡会結成。九条の会（2004 年）、戦争させない・9 条壊すな！総がかり行動実行委員会（2014 年）、安保法制廃止と立憲政治回復のための市民連合（2015 年）、安倍 9 条改憲ＮＯ！全国市民アクション（2016 年）などの市民運動の結成に参加。2015 年に韓国の第 3 回李泳禧賞受賞。

竹信 三恵子（たけのぶ みえこ）
1956 年東京生まれ。1976 年に朝日新聞社に入社。2011 年から和光大学現代人間学部教授、2019 年 4 月から和光大学名誉教授。NPO 法人官製ワーキングプア研究会理事。著書に『ルポ雇用劣化不況』（日本労働ペンクラブ賞受賞）、『官製ワーキングプアの女性』など多数。2009 年に貧困ジャーナリズム大賞受賞。

前川 喜平（まえかわ きへい）
1955 年奈良県生まれ 1979 年東京大学法学部卒業、同年文部省入省。文部大臣秘書官、大臣官房長、初等中等教育局長、文部科学審議官などを経て、2016 年に文部科学事務次官。17 年 1 月退官。著書に『ストップ!! 国政の私物化』、『次の日本の教育改革（仮:2021 年 9 月出版予定)』（いずれも共著、あけび書房）など多数。

孫崎 享（まごさき うける）
1943 年旧満州生まれ。東アジア共同体研究所理事・所長。1966 年東京大学法学部中退、外務省入省。駐ウズベキスタン大使、国際情報局長、駐イラン大使を歴任し、2002 年〜 2009 年まで防衛大学校教授。著書に『アメリカに潰された政治家たち』『21 世紀の戦争と平和』『日本国の正体』『朝鮮戦争の正体』など多数。

西郷 南海子（さいごう みなこ）
1987 年生まれ、神奈川県鎌倉市育ち。京都大学人文科学研究所研究員。京都大学に通いながら 3 人の子どもを出産し、博士号（教育学）を取得。2015 年に「安保関連法案に反対するママの会」を立ち上げ、「市民連合」にも参加。現在、京都市内の公立小学校のＰＴＡ 3 期目。共著に『だれのこどももころさせない』『「反緊縮！」宣言』など。

市民と野党の共闘で政権交代を

2021年8月20日　第1刷発行 ©

著　者　五十嵐仁、小林節、高田健、竹信三恵子、

　　　　前川喜平、孫崎享、西郷南海子

発行者　岡林信一

発行所　あけび書房株式会社

　　　　〒120-0015　東京都足立区足立 1-10-9 ー703

　　　　☎ 03. 5888. 4142　FAX 03. 5888. 4448

　　　　info@akebishobo.com　https://akebishobo.com

印刷・製本／モリモト印刷

ISBN　978-4-87154-194-7　C0031　￥1000E